JN234436

国宝建築探訪

中野達夫

海青社

清白寺仏殿

はじめに

日本の国宝建築はすべて木造である。古く7世紀に建てられ、世界で一番古い木造建築とされている法隆寺の建物や世界で一番大きいとされている東大寺の金堂（大仏殿）など、これらの建物は日本が木の文化の国であることを如実に物語っている。これらの建築物を目の前にしたとき、どの建築物もそれぞれの歴史を背負い、今日に至った長年月の経過がそれぞれに刻まれていて、独自の感動を見るものに与えてくれる。私は考古学者でも建築家でも、ましてや写真家でもない。一介の木材の研究者にすぎない。長年の研究生活を通じて木材をこよなく愛することになった者である。国宝建築物に使われている木材は長年月の風雨に曝され、時として表面が風化し、時として虫や菌に犯されながらも今日に及んでいる。このような木材の表情をできるだけ多くの人々に見ていただき、木材の優しさ、良さ、すごさを知っていただきたくて、つたない写真をとり続けてきた。

どの建物が国宝に指定されているのか、一般に市販されている出版物で知ろうとするとかなり困難であったが、朝日新聞社から週刊朝日百科「日本の国宝」が出版されて、わかりよくなった。種々の点でこれを道しるべにさせていただいた。

現在国宝建築物として125カ所、209件が指定されている。岩手県の中尊寺金色堂から長崎県の大浦天主堂や崇福寺までかなり広い範囲にまたがっている。仕事の合間を縫ってくまなく写真を撮ろうというのであるから、そこには自ずから制限がある。たまたま訪れてみると工事中であったり、公開日でなかったりするのに出くわしてしまう。また雨がひどくて半日以上待たされてしまうこともあった。ましてや撮影条件はというと全く行き当たりばったりである。塔の上半分は日光が一杯あたっているが下半分は日陰で黒ずんでしまっているといった状況にしばしばでくわしてしまった。京都や奈良は件数が多く、何度も出かけていったので条件を整えることができたが、他の地域では悪条件の写真も幾つか含まれていることをお許し願いたい。また非公開、撮影禁止の国宝についてはもちろん写真はない。

本書の出版に当たっては海青社の宮内久氏に多大の労を煩わせた。心より感謝申し上げる次第である。

1999年11月

中野達夫

目次

はじめに	3
木材利用の歴史について考える	12
用語解説	15
参考書	20

岩手県　22
中尊寺金色堂 / ちゅうそんじこんじきどう　22

山形県　22
羽黒山五重塔 / はぐろさんごじゅうのとう　22

宮城県　24
瑞巌寺本堂 / ずいがんじほんどう（元方丈 / もとほうじょう）　24
瑞巌寺庫裏及び廊下 / くりおよびろうか　24
大崎八幡神宮 / おおさきはちまんじんぐう　27

福島県　29
願成寺阿弥陀堂 / がんじょうじあみだどう（白水 / しらみず阿弥陀堂）　29

栃木県　30
輪王寺大猷院霊廟 / りんのうじだいゆういんれいびょう　30
東照宮陽明門 / とうしょうぐうようめいもん　32
東照宮東西回廊 / とうざいかいろう　32
東照宮正面及び背面唐門 / しょうめんおよびはいめんからもん　32
東照宮東西透塀 / とうざいすきべい　32
東照宮本殿、石の間及び拝殿 / ほんでんいしのまおよびはいでん　32

東京都　36
正福寺地蔵堂 / しょうふくじじぞうどう　36

神奈川県　38
円覚寺舎利殿 / えんがくじしゃりでん　38

山梨県 39
- 清白寺仏殿／せいはくじぶつでん 39
- 大善寺本堂／だいぜんじほんどう 41

長野県 42
- 安楽寺八角三重塔／あんらくじはっかくさんじゅうのとう 42
- 大法寺三重塔／だいほうじさんじゅうのとう 45
- 善光寺本堂／ぜんこうじほんどう 46
- 仁科神明宮／にしなしんめいぐう 48
- 松本城天守／まつもとじょうてんしゅ 49

富山県 52
- 瑞龍寺仏殿・法塔・山門／ずいりゅうじぶつでん・はっとう・さんもん 52

福井県 55
- 明通寺本堂／みょうつうじほんどう 55
- 明通寺三重塔／さんじゅうのとう 55

岐阜県 58
- 安国寺経蔵／あんこくじきょうぞう 58
- 永保寺開山堂／えいほうじかいさんどう 59
- 永保寺観音堂／かんのんどう 59

愛知県 62
- 金蓮寺弥陀堂／こんれんじみだどう 62
- 犬山城天守／いぬやまじょうてんしゅ 63
- 如庵／じょあん 65

滋賀県 67
- 宝厳寺唐門／ほうごんじからもん 67
- 都久夫須麻神社本殿／つくぶすまじんじゃほんでん 67
- 彦根城天守、附櫓及び多聞櫓／ひこねじょうてんしゅ、つけやぐらおよびたもんやぐら 69
- 金剛輪寺本堂／こんごうりんじほんどう 71
- 大笹原神宮本殿／おおささはらじんじゃほんでん 72
- 御上神社本殿／みかみじんじゃほんでん 74

苗村神社西本殿 / なむらじんじゃにしほんでん	75
西明寺本堂 / さいみょうじほんどう	77
西明寺三重塔 / さんじゅうのとう	77
常楽寺本堂 / じょうらくじほんどう	79
常楽寺三重塔 / さんじゅうのとう	79
善水寺本堂 / ぜんすいじほんどう	82
長寿寺本堂 / ちょうじゅじほんどう	85
石山寺多宝塔 / いしやまでらたほうとう	85
石山寺本堂 / ほんどう	85
園城寺金堂 / おんじょうじこんどう（三井寺）	88
園城寺新羅善神堂 / しんらぜんじんどう	88
勧学院客殿 / かんがくいんきゃくでん	88
光浄院客殿 / こうじょういんきゃくでん	88
延暦寺根本中堂 / えんりゃくじこんぽんちゅうどう	92
日吉大社西本宮本殿／東本宮本殿 /ひよしたいしゃにしほんぐうほんでん／ひがしほんぐうほんでん	95

京都府　　　　　　　　　　　　　　　　　　　　　96

高山寺石水院 / こうざんじせきすいいん	96
仁和寺金堂 / にんなじこんどう	97
広隆寺桂宮院本堂 / こうりゅうじけいきゅういんほんどう	99
大徳寺唐門 / だいとくじからもん	100
大徳寺方丈及び玄関 / ほうじょうおよびげんかん	100
大仙院本堂 / だいせんいんほんどう	100
龍光院書院 / りょうこういんしょいん	100
賀茂別雷神社本殿及び権殿 /かもわけいかずちじんじゃほんでんおよびごんでん（上賀茂神社）	101
賀茂御祖神社東本殿及び西本殿 /かもみおやじんじゃひがしほんでんおよびにしほんでん（下鴨神社）	102
大報恩寺本堂 / だいほうおんじほんどう（千本釈迦堂）	103
北野天満宮本殿、石の間、拝殿及び楽の間 /きたのてんまんぐうほんでん、いしのま、はいでんおよびがくのま	105
二条城二の丸御殿 / にじょうじょうにのまるごてん	*106*
本願寺北能舞台 / ほんがんじきたのうぶたい	109
本願寺書院 / しょいん（対面所及び白書院）	109
本願寺黒書院及び伝廊 / くろしょいんおよびでんろう	109

本願寺飛雲閣／ひうんかく	109
本願寺唐門／からもん	109
教王護国寺大師堂／きょうおうごこくじだいしどう（西院御影堂／さいいんみえどう）	111
教王護国寺金堂／こんどう	111
教王護国寺五重塔／ごじゅうのとう	111
教王護国寺蓮花門／れんげもん	111
観智院客殿／かんちいんきゃくでん	111
慈照寺銀閣／じしょうじぎんかく（慈照寺観音殿）	117
慈照寺東求堂／じしょうじとうぐどう	117
南禅寺方丈／なんぜんじほうじょう	119
蓮華王院本堂／れんげおういんほんどう（三十三間堂）	121
妙法院庫裏／みょうほういんくり	121
清水寺本堂／きよみずでらほんどう	124
豊国神社唐門／とよくにじんじゃからもん	126
東福寺三門／とうふくじさんもん	127
龍吟庵方丈／りょうぎんあんほうじょう	129
醍醐寺五重塔／だいごじごじゅうのとう	130
醍醐寺金堂／こんどう	130
醍醐寺薬師堂／やくしどう	130
醍醐寺清瀧宮拝殿／せいりょうぐうはいでん	130
三宝院表書院／さんぼういんおもてしょいん	135
三宝院唐門／からもん	135
法界寺阿弥陀堂／ほうかいじあみだどう	138
宇治上神社本殿／うじがみじんじゃほんでん	139
宇治上神社拝殿／はいでん	139
平等院鳳凰堂／びょうどういんほうおうどう	142
浄瑠璃寺本堂／じょうるりじほんどう（九体寺本堂）	144
浄瑠璃寺三重塔／じょうるりじさんじゅうのとう	144
海住山寺五重塔／かいじゅうせんじごじゅうのとう	147
光明寺二王門／こうみょうじにおうもん	149
妙喜庵茶室／みょうきあんちゃしつ（侍庵／たいあん）	150

奈良県 151

室生寺五重塔／むろうじごじゅうのとう	151
室生寺金堂／こんどう	151
室生寺本堂／ほんどう（灌頂堂／かんじょうどう）	151

宇太水分神社本殿／うだみくまりじんじゃほんでん	154
海龍王寺五重小塔／かいりゅうおうじごじゅうのしょうとう	156
秋篠寺本堂／あきしのでらほんどう	157
元興寺極楽坊五重小塔／がんごうじごくらくぼうごじゅうのしょうとう	159
元興寺極楽坊本堂／ほんどう	159
元興寺極楽坊禅室／ぜんしつ	159
新薬師寺本堂／しんやくしじほんどう	161
十輪院本堂／じゅうりんいんほんどう	165
円成寺春日堂・白山堂／えんじょうじかすがどう・はくさんどう	165
般若寺楼門／はんにゃじろうもん	166
興福寺東金堂／こうふくじとうこんどう	168
興福寺五重塔／ごじゅうのとう	168
興福寺三重塔／さんじゅうのとう	168
興福寺北円堂／ほくえんどう	168
春日大社本社本殿／かすがたいしゃほんしゃほんでん	173
東大寺金堂／とうだいじこんどう（大仏殿）	174
東大寺法華堂／ほっけどう（三月堂）	174
東大寺南大門／なんだいもん	174
東大寺開山堂／かいさんどう	174
東大寺鐘楼／しゅろう	174
東大寺転害門／てがいもん	175
東大寺本坊経庫／ほんぼうきょうこ	175
正倉院正倉／しょうそういんしょうそう	175
薬師寺東塔／やくしじとうとう	185
薬師寺東院堂／とういんどう	185
唐招提寺金堂／とうしょうだいじこんどう	187
唐招提寺講堂／こうどう	187
唐招提寺鼓楼／ころう	187
唐招提寺経蔵・宝蔵／きょうぞう・ほうぞう	187
当麻寺本堂／たいまでらほんどう（曼荼羅堂／まんだらどう）	193
当麻寺東塔／とうとう	195
当麻寺西塔／さいとう	195
霊山寺本堂／りょうぜんじほんどう	198
長弓寺本堂／ちょうきゅうじほんどう	199
法起寺三重塔／ほうきじさんじゅうのとう	201

法隆寺/ほうりゅうじ		202
◎西院伽藍/さいいんがらん		202
法隆寺金堂/ほうりゅうじこんどう		202
法隆寺五重塔/ごじゅうのとう		202
法隆寺回廊/かいろう		202
法隆寺中門/ちゅうもん		202
法隆寺聖霊院/しょうりょういん		202
法隆寺東室/ひがしむろ		202
法隆寺三経院及び西室/さんぎょういんおよびにしむろ		202
法隆寺食堂/じきどう		203
法隆寺西円堂/さいえんどう		203
法隆寺東大門/とうだいもん		203
法隆寺鐘楼/しゅろう		203
法隆寺経蔵/きょうぞう		203
法隆寺南大門/なんだいもん		203
法隆寺綱封蔵/こうふうぞう		203
法隆寺大講堂/だいこうどう		203
◎東院伽藍/とういんがらん		203
法隆寺東院夢殿/ゆめどの		203
法隆寺東院伝法堂/でんぽうどう		203
法隆寺東院鐘楼/しゅろう		203
石上神宮拝殿/いそのかみじんぐうはいでん		222
石上神宮摂社出雲建雄神社拝殿/せっしゃいずもたけおじんじゃはいでん		222
金峯山寺二王門/きんぷせんじにおうもん		225
金峯山寺本堂/ほんどう		225
栄山寺八角堂/えいざんじはっかくどう		227

大阪府　229

観心寺金堂/かんしんじこんどう	229
孝恩寺観音堂/こうおんじかんのんどう	230
慈眼院多宝塔/じげんいんたほうとう	232
桜井神社拝殿/さくらいじんじゃはいでん	233
住吉大社本殿/すみよしたいしゃほんでん	235

兵庫県　236

一乗寺三重塔/いちじょうじさんじゅうのとう	236

鶴林寺本堂/かくりんじほんどう	238
鶴林寺太子堂/たいしどう	238
浄土寺浄土堂/じょうどじじょうどどう（阿弥陀堂）	240
太山寺本堂/たいさんじほんどう	242
朝光寺本堂/ちょうこうじほんどう	243
姫路城/ひめじじょう	245
姫路城大天守/ひめじじょうだいてんしゅ	245
姫路城西小天守/にしこてんしゅ	245
姫路城乾小天守/いぬいこてんしゅ	245
姫路城東小天守/ひがしこてんしゅ	245
姫路城イ、ロ、ハ、ニの渡櫓/わたりやぐら	245

和歌山県 250

金剛三昧院多宝塔/こんごうさんまいいんたほうとう	250
金剛峯寺不動堂/こんごうぶじふどうどう	251
根来寺多宝塔/ねごろじたほうとう（大塔/だいとう）	253
善福院釈迦堂/ぜんぷくいんしゃかどう	254
長保寺本堂/ちょうほうじほんどう	256
長保寺多宝塔/たほうとう	256
長保寺大門/だいもん	256

鳥取県 259

三仏寺奥院/さんぶつじおくのいん（投入堂/なげいれどう）	259

島根県 262

出雲大社本殿/いずもおおやしろほんでん	262
神魂神社本殿/かもすじんじゃほんでん	263

岡山県 265

吉備津神社本殿及び拝殿/きびつじんじゃほんでんおよびはいでん	265
旧閑谷学校講堂/きゅうしずたにがっこうこうどう	267

広島県 269

明王院五重塔/みょうおういんごじゅうのとう	269
明王院本堂/ほんどう	269
浄土寺本堂/じょうどじほんどう	271

浄土寺多宝塔／たほうとう	271
向上寺三重塔／こうじょうじさんじゅうのとう	274
不動院金堂／ふどういんこんどう	275
厳島神社／いつくしまじんじゃ	277
本社／ほんしゃ	277
摂社客／せっしゃまろうど神社	277
回廊／かいろう	277

山口県　281

瑠璃光寺五重塔／るりこうじごじゅうのとう	281
功山寺仏殿／こうざんじぶつでん	282
住吉神社本殿／すみよしじんじゃほんでん	284

香川県　285

本山寺本堂／もとやまじほんどう（四国霊場第70番札所）	285
神谷神社本殿／かんだにじんじゃほんでん	287

愛媛県　288

石手寺二王門／いしてじにおうもん（四国霊場第51番札所）	288
太山寺本堂／たいさんじほんどう（四国霊場第52番札所）	290
大宝寺本堂／たいほうじほんどう	291

高知県　293

豊楽寺薬師堂／ぶらくじやくしどう	293

長崎県　294

崇福寺第一峰門／そうふくじだいいっぽうもん	294
崇福寺大雄宝殿／だいゆうほうでん	294
大浦天主堂／おおうらてんしゅどう	297

大分県　300

富貴寺大堂／ふきじおおどう	300
宇佐神宮本殿／うさじんぐうほんでん	301

索引　303

木材利用の歴史について考える

　東大寺金堂は、先にも述べたように世界で一番大きい木造建築物である。天平時代7世紀の大仏開眼時に建立されたが残念ながら鎌倉時代の1170年に戦火のため焼け落ちた。すぐに再建作業が始まり、1195年復興された。しかし1567年再び戦火で焼失した。しかし復興はすぐには行えなかった。ようやく江戸時代半ばになって、再建作業が始まり1709年ようやく復興された。この間約150年間、大仏は雨曝しになっていたことになる。これが現存の東大寺金堂である。しかし、再建はされたものの現在の金堂は天平時代のものや鎌倉時代のものとは様相が異なってしまった。高さは48mであるものの、間口は以前のものの三分の二に縮小され、一本一本の柱は合わせ柱になってしまった。天平時代のものをそのまま再建するとすると直径1m50cm、長さ30mの柱92本を必要とするが、江戸時代の初期においてももうそんな大材は得られなかったのであろう。鎌倉時代の建物に果たしてどんな柱が使われていたのか、次のような記述がある。

　　東大寺は我邦における最大なる木造建築にして、聖武天皇の叡願に依り天平年間の創立に係り、寧楽朝時代に於て発達したる技術の代表者として輪奐の美を極めたりしが、一たび治承の兵燹に遭ひ二たび永禄の戦乱に烏有に帰し僅に元禄の再興により吾人をして昔時を望想せしむるも建物は縮小し権衡は破壊せられ装飾は殆ど皆無となり当時の壮観復尋ぬべからず建築雑誌第182、3号（明治35年2月、3月）所載関野貞氏の説により当時に於て如何に巨大なる柱を用いたりしか及之が捜索、伐木、運材等に如何に苦心せしかを知るに足る今同氏の説を左に抄録せん

　　今の柱の径は大きのが5尺5寸、小さいのが3尺3寸か4寸程何れも中心に3尺前後の心柱を置きその周囲を7寸くらいの木で張りさうして非常な大きな釘で打付けて所々銅若しくは鉄の胴輪を入れてある又心柱の長さは大抵30尺位で之を幾本も継いでさうして周囲に捌(はかす)をしてあるが昔は一本柱であったと信ずる何故かといふと一本柱であったといふ記録は別にありませぬが鎌倉時代再建の時の柱は一本柱であったといふ証拠があるそれは東大寺造立供養記一建久年間に大仏殿を再建した時の記録で群書類従に出ているしこの記録によると大仏殿の柱は92本ある、其92本の柱を探さなければならぬ径5尺以上の柱を92本探さうといふのですから今は無論むづかしいでしょうが其当時でも余程困難であった其頃周防国に今の木曽とも云ふ様な立派な森林があったらしいそこへ俊乗坊重源上人始め陳

和卿其の他大工の棟梁等が此等の柱となるべき材木を探しに往った所が其の山へ入って見るとなかなか容易にそう云ふ大きな柱は見当たらない到底普通の手段を用ひては探すことができないといふので相当の柱を見付けた者には1本に付て米1石づつ遣ると云ふ懸賞募集にしたそれで皆一生懸命になって深山幽谷を跋渉して柱を探しまはったさて見出した所の木を伐って見ると外の方は立派であるが中は腐っていて役に立たぬさう云ふ様な故障があって10本採っても1本か2本しか役に立つのはない併し非常な熱心で探したものであるから先ず数だけの柱を見出すことが出来た所が極平らな所でない深山幽谷を跋渉して探したものですから其柱を出す為に方々の谷を埋め山を切開いてさうして佐波川と云ふ川の源へ出した其の川を流して下そうとしたが川の水が浅くて流れない種々工夫して遂に118箇川を堰いで水をただえ漸く流し下したさうして海へ出し筏に組み船で引張て木津まで持ってきたそれから柱一本に付き牛を120匹附けて東大寺までやうやう曳いてきた其柱は直径4尺56寸から5尺56寸位長さ90尺から100尺前後の一木であった又東大寺造立供養記に昔の柱は3尺8寸であったが今日は5尺ある昔より今の方が太い柱を使ったと云ふて自慢話があるそれで鎌倉時代には一木を使ったことが明らかである随って天平時代にも一木を使って居ったと云ふことを証拠立てることが出来ると思います（木材の工芸的利用から）

　ちなみに俊乗坊重源上人は60歳から東大寺再建の仕事に携わり、再建が成ったのは15年後の75歳の時であったという。東大寺再建の功により東大寺中興の祖といわれ、俊乗堂にその像が安置されている。なお、俊乗坊重源上人の建立した建物で現在東大寺に残っているものは南大門と開山堂の二つである。

　古代日本には48ｍの高さの建築物が2つあり、東大寺の金堂と出雲大社であったという。現存する出雲大社は建物の高さは24ｍであるが、古代の建物は現在の建物が高さ24ｍの台の上に乗っていたものと考えられている。その台が古代から中世に及ぶ時期の造替の際に建てられなくなり、現在のようになったようである。大きな建物を載せる24ｍもの高い台を造るための大きな木材が得られなくなったことは十分に類推できるところである。

　神社や寺院の建物はほとんどヒノキ材を使っていると言ってもよい。現存するヒノキの樹齢で一番古いものは木曽谷に散在するもので350年くらいといわれている。このようなヒノキの目通りの直径はたかだか6〜70cmである。上記のように、東大寺金堂の再建時に使われた材が直径1ｍ50cmもの大径材であるとすると、この木の樹齢は一体何年であったのだろうか。おそらく1000年は超えていたことであろう。とすると、従来のような一本の木を使った柱の東大寺の金堂を建てるためには

木曽谷の一番高樹齢のヒノキが生長し続けるとしても、今後6～700年を要することになる。おそらく今後一本の木を使った柱で東大寺の金堂は建てられそうもなく、鎌倉時代の東大寺の金堂は復元できないことになる。

　東大寺の金堂をどうしても一木の柱で復元してほしいと言っているのではない。木材とは1000年といった次元で考えていかなければならないものであることを日本における木材利用の歴史は私たちに教えてくれているということを申し上げたいのである。このことはことヒノキに限られるものではなく、ほとんどの木材に当てはめられることである。日本のミズナラは世界に冠たる材質を誇っているが、おそらく樹齢300年を超えないと本来のミズナラの良さはでてこないだろう。樹種によって高樹齢木のもつ材質上の意味づけは異なるが、ヒノキ、アカマツ、スギ、ケヤキ、ミズナラ、ヤチダモなど有用樹種と言われるものは高樹齢木が利用価値が高くなる。

　戦後植栽した造林木の樹齢は40年弱のものが多い。100年以上になるためにはなお5～60年の歳月を必要とするし、樹齢1000年以上となると気が遠くなってしまう。しかしそういった高樹齢の林が残されていく方向は必要なのではなかろうかと国宝建築物を撮影しながら考えさせらた。

　大きいことはいいことだと言う諺がある。木材を使う場合、全くぴったりとあてはまる諺である。木材は樹木が成長して得られるが、その成長過程において生命を維持するために「あて」、「節」、「繊維のねじれ」などが生じるが、これらを含んだ木材は弱かったり、割れたり、ねじれたりしてしまう。木材を使う上で、これらは欠点となるのである。しかし、大きく使うと建物の狂いや耐久性にさほど影響を及ぼさなくなるようである。東大寺転害門の柱の中には沢山の節を持った柱が使われている。節の周辺は長年の風雨により目痩せしているが、節は目痩せせずむしろ突出して頑張っているし、長年折れることなく、今も折れそうな気配もない。平等院鳳凰堂には沢山の柱が使われているが、その中には繊維がねじれている柱も何本かある。併し建物への影響は余りなさそうである。これらの欠点は木材が大きく使われているためその悪影響がおさえられているのだろう。しかし、法隆寺の回廊の連子格子のように小さい部材になるとそうはいかない。節があるとそこから折れてしまうだろうし、「あて」が含まれるとどちらかに大きく曲がって、平行が保たれないだろう。連子格子には全く欠点のない木材を使う必要があるのである。国宝建築に使われている木材の表情を撮影しながら、部材によって要求される性能が異なり、長く持たせるためにはそれにあった性能を持つ木材を使う必要のあることがよくわかった。

用語解説

国宝建築物には名称、規模、階層数、屋根の形式と材料、付属物などが記されている。特殊な用語もあるので、それらについて説明しておきたい。

国宝建築物は、寺院の仏堂、神社の本殿、城の本丸のようにそれぞれ施設の中心となる建物が多いほか、これらの付属的建物も含まれている。

金堂及び本堂（寺院の中心をなす建物で、本尊を安置する堂）；東大寺金堂、法隆寺金堂、石山寺本堂、当麻寺本堂など多くの金堂、本堂が国宝建築物である。

仏殿（禅宗の本堂）；功山寺仏殿、瑞龍寺仏殿、清白寺仏殿

阿弥陀堂（真宗の本堂）；願成寺阿弥陀堂、金蓮寺弥陀堂、浄土寺浄土堂、法界寺阿弥陀堂

観音堂（観世音菩薩の像を安置した堂）；永保寺観音堂、孝恩寺観音堂、慈照寺銀閣

薬師堂（薬師如来の像を安置した堂）；醍醐寺薬師堂、豊楽寺薬師堂

開山堂（開山の僧の像や位牌を安置した堂）；永保寺開山堂、東大寺開山堂

舎利殿（仏舎利を安置した建物）；円覚寺舎利殿

太子堂（聖徳太子の像を安置した堂）；鶴林寺太子堂

地蔵堂（地蔵菩薩を安置した堂）；正福寺地蔵堂

釈迦堂（釈迦の像を安置した堂）；善福院釈迦堂

この他仏堂として建築方式の違いなどから次のようなものがある。

八角円堂/はっかくえんどう（八角形に造られた仏堂）；広隆寺桂宮院本堂、興福寺北円堂、法隆寺西円堂、法隆寺東院夢殿、栄山寺八角堂

持仏堂；慈照寺東求堂

住宅風仏堂；高山寺石水院

楼閣；慈照寺銀閣、本願寺飛雲閣

三重塔/さんじゅうのとう、**三重塔婆**/さんじゅうとうば（三層に屋根を積み重ねた形につくった仏塔）；安楽寺八角三重塔、大法寺三重塔、明通寺三重塔、西明寺三重塔、常楽寺三重塔、浄瑠璃寺三重塔、一乗寺三重塔、興福寺三重塔、薬師寺東塔、当麻寺東塔、当麻寺西塔、法起寺三重塔、向上寺三重塔

五重塔/ごじゅうのとう、**五重塔婆**/ごじゅうとうば（五重塔は地、水、火、風、空をかたどり、五層に屋根を積み重ねた形につくった仏塔）；羽黒山五重塔、教王護国寺五重塔、醍

醍醐寺五重塔、海住山寺五重塔、室生寺五重塔、海龍王寺五重小塔、元興寺極楽坊五重小塔、興福寺五重塔、法隆寺五重塔、明王院五重塔、瑠璃光寺五重塔

多宝塔/たほうとう（仏塔の一形式で、上層を円形、下層を方形にした塔身の二重塔をいい、下層屋根上の亀腹が特徴）；石山寺多宝塔、慈眼院多宝塔、金剛三昧院多宝塔、長保寺多宝塔、根来寺多宝塔、浄土寺多宝塔

講堂、法塔/はっとう（禅寺で説法を行う堂、他宗の講堂と同じ）；瑞龍寺法塔、唐招提寺講堂、法隆寺大講堂

鐘楼、鼓楼（時を知らせる太鼓をつるす建物）；東大寺鐘楼、唐招提寺鼓楼、法隆寺鐘楼、法隆寺東院鐘楼

倉、経蔵；安国寺経蔵、東大寺本坊経庫、正倉院正倉、唐招提寺経蔵・宝蔵、法隆寺経蔵、法隆寺綱封蔵

庫裏/くり（寺院で食事を調える建物あるいは住職やその家族の住む場所）、**方丈**/ほうじょう（禅寺で住職の居室）、**僧坊**；瑞巌寺庫裏及び廊下、大徳寺方丈及び玄関、妙法院庫裏、南禅寺方丈、龍吟庵方丈、法隆寺食堂、法隆寺東室

書院/しょいん（寺院の僧侶の私室）、**客殿**/きゃくでん（客を接待するために建てられた建物）；勧学院客殿、光浄院客殿、龍光院書院、二条城二の丸御殿、本願寺書院、本願寺黒書院及び伝廊、観智院客殿、三宝院表書院

本殿、拝殿；神社の中心をなす建物で、住吉大社本殿、石上神社拝殿など多くの本殿、拝殿が国宝に指定されている

城/しろ；松本城天守、犬山城天守、彦根城天守、附櫓及び多聞櫓、姫路城大天守、姫路城西小天守、姫路城乾小天守、姫路城東小天守、姫路城イ、ロ、ハ、ニの渡櫓

唐門（屋根が唐破風造になっている門、正面に唐破風を見せる向唐門と妻側に唐破風をつける平唐門とがある）；東照宮正面及び背面唐門、宝厳寺唐門、大徳寺唐門、本願寺唐門、豊国神社唐門、三宝院唐門

門、二王門（仁王像を左右に安置した門）、**三門**（中央に大きな門、左右に小さな門を配した門）、**楼門**（二階造りの門で、下層に屋根のないもの）；東照宮陽明門、瑞龍寺山門、教王護国寺蓮華門、東福寺三門、光明寺二王門、般若寺楼門、東大寺南大門、東大寺転害門、法隆寺中門、法隆寺東大門、法隆寺南大門、金峰山寺二王門、長保寺大門、石手寺二王門、崇福寺第一峰門

回廊、塀；東照宮東西回廊、東照宮東西透塀、法隆寺回廊、厳島神社回廊

寺院、神社以外の国宝建築物としては次のものがある。

茶室/ちゃしつ；如庵、妙喜庵茶室（侍庵）

能舞台；本願寺北能舞台

学校；旧閑谷学校講堂
教会；大浦天主堂

能舞台の国宝は本願寺の北能舞台のみである。また、学校の遺構として旧閑谷学校講堂、教会では大浦天主堂が国宝に指定されている。

国宝建築物の屋根の造として次のようなものがある。

入母屋造/いりもやづくり（屋根上部は二方に勾配をもつが、下方は四方へ勾配をもつもの）；国宝建築物の屋根は東照宮本殿、園城寺金堂などこの造が一番多い。

宝形造/ほうぎょうづくり（隅棟がすべて屋根の頂点に集まるもの）；中尊寺金色堂、願成寺阿弥陀堂、慈照寺銀閣、法界寺阿弥陀堂、鶴林寺太子堂、浄土寺浄土堂、東大寺開山堂、富貴寺大堂

切妻造/きりづまづくり（二方に勾配をもち両端が切れているもの）；国宝建築物の屋根は法隆寺聖霊院、宇佐神宮本殿などこの造が入母屋造に次いで二番目に多い。

両下造/りょうさげづくり；大崎八幡神宮石の間、輪王寺大猷院霊廟相の間、東照宮石の間、北野天満宮石の間、二条城黒書院白書院間渡廊、本願寺北能舞台橋掛り、本願寺伝廊、厳島神社本社幣殿、厳島神社摂社客神社幣殿

寄棟造/よせむねづくり（大棟の両端から四方に隅棟がおりる形式の屋根）；国宝建築物の屋根は浄瑠璃寺本堂、唐招提寺金堂などこの造が入母屋造、切妻造に次いで三番目に多い。

撞木造/しゅもくづくり（屋根の稜線（棟）がＴ字型になっているもの）；善光寺本堂

流造/ながれづくり（神社本殿形式の一つで、屋根前面の流れが長く伸びて向拝となるもの）；苗村神社西本殿、園城寺新羅善神堂、賀茂御祖神社東本殿及び西本殿、賀茂別雷神社本殿及び権殿、宇治上神社本殿、三仏寺奥院、住吉神社本殿、神谷神社本殿

両流造（母屋の前後に庇があり、破風板が合掌形に一続きに作ってあるもの）；厳島神社本社本殿、厳島神社摂社客神社本殿

日吉造/ひよしづくり（切妻造の正面と両側面とに一間ずつの庇をつけ、背面に縋破風を附けたもの）日吉大社西本宮本殿／東本宮本殿

住吉造/すみよしづくり（切妻造、妻入で屋根は反りがなく、棟に千木と鰹木を置く）；住吉大社本殿

春日造/かすがづくり（切妻造、妻入で正面に階隠をつけ、棟には置き千木、鰹木を置く）；宇太水分神社本殿、円成寺春日堂・白山堂、春日大社本殿

大社造/たいしゃづくり（日本古代の神社建築様式を残すものである）；出雲大社本殿、神魂神社本殿

神明造/しんめいづくり（神社本殿形式の一つで、切妻造、平入りで、屋根の反りはなく、

破風は交差して棟上で千木となり、その間に鰹木を置く、伊勢神宮の流れを汲むもの）；仁科神明宮

国宝建築の建て方の中には次のようなものがある。

懸造／かけづくり、**舞台造**／ぶたいづくり（山や崖にもたせかけたり、谷や川の上に突き出したりして建てること）；石山寺本堂礼堂、清水寺本堂、醍醐寺清龍宮拝殿、三仏寺奥院
校倉造／あぜくらづくり（三角形四角形あるいは台形の木材を井桁に組んで外壁とした倉造）；東大寺本坊経庫、正倉院正倉、唐招提寺経蔵・宝蔵
高床造／たかゆかづくり（高い柱を立ててその上に床を張った建物）；出雲大社本殿、正倉院正倉、法隆寺綱封蔵など

屋根は材料や葺き方によって次のようなものがある。

本瓦形板葺／ほんがわらがたいたぶき；中尊寺金色堂、海竜王寺五重小塔、元興寺極楽坊五重小塔
柿葺／こけらぶき（薄く剥いだ板で屋根を葺く）；羽黒山五重塔、大崎八幡神宮、正福寺地蔵堂、円覚寺舎利殿、安楽寺八角三重塔、瑞龍寺山門、安国寺経堂、如庵、勧学院客殿、光浄院客殿、高山寺石水院、龍光院書院、本願寺北能舞台（後座）、本願寺黒書院及び伝廊、本願寺飛雲閣、慈照寺銀閣、南禅寺方丈、龍吟庵方丈、妙喜庵茶室、室生寺金堂、不動院金堂、豊楽寺薬師堂
本瓦葺／ほんがわらぶき（平瓦と丸瓦を交互に組み合わせて並べる屋根の葺き方）；国宝建築では檜皮葺とともに、法隆寺の各建物など多くの建物がこの葺き方をしている。
栩葺／とちぶき（厚さ1〜3cm、幅9〜15cm、長さ約60cm程度の割板（栩板）で屋根を葺くこと）；願成寺阿弥陀堂、光明寺二王門、神魂神社本殿
檜皮葺／ひわだぶき（ヒノキの樹皮を密に重ねて屋根を葺くこと）；国宝建築では本瓦葺とともに、善光寺本堂、本願寺唐門、厳島神社の各建物など多くの建物がこの葺き方をしている。40年毎に葺き替える必要がある。
銅瓦葺／どうがわらぶき；輪王寺大猷院霊廟（本殿、相の間、拝殿）、東照宮の各建物
鉛瓦葺／なまりがわらぶき；瑞龍寺仏殿
銅板葺／どうばんぶき；瑞龍寺法塔、大仙院本堂、観智院客殿、太山寺本堂
瓦棒銅板葺／かわらぼうどうばんぶき（銅板葺き屋根で棒状の材を傾斜の方向に一定間隔に並べて取り付ける葺き方、棒状の材も銅板で覆うので水漏れに強い）；延暦寺根本中堂
桟瓦葺／さんがわらぶき（方形で横断面が波形をした瓦で屋根を葺くこと）；大徳寺方丈及び玄関、大浦天主堂

行基葺/ぎょうきぶき（本瓦葺きの一つである。丸瓦の下方が末広がりとなったものを用い、下方に置く丸瓦の細い方を覆うように順々に重ねて葺いたもの）；孝恩寺観音堂、富貴寺大堂

国宝建築の建物の一部には次のようなものがある。

亀腹/かめばら；白漆喰などで固めて饅頭形にしたもので、建築物の基礎部分、多宝塔の上下両層の間、鳥居の柱脚部などに用いられる

裳階/もこし；仏堂、仏塔などの軒下壁面に取り付けた庇で法隆寺金堂、同五重塔の初重など

向拝/こうはい；社殿や仏堂で、屋根を正面の階段上に張り出した部分、参拝者の礼拝するところ

閼伽棚/あかだな；水を供える棚

破風；切妻造や入母屋造の妻側にある三角形の部分、またその斜めの部分に打ち付けた板、切妻破風、入母屋破風のほか、次のようなものがある。

縋破風/すがるはふ；神社、仏閣などの建築にみられる、本屋根の軒先から一方にだけさらに突き出した部分の破風で長弓寺本堂など

千鳥破風/ちどりはふ；屋根の斜面に設けた小さな三角形の破風で松本城天守など

唐破風/からはふ；中央部を凸形に、両端部を凹形の曲線状にした破風で豊国神社唐門など

寺院の建築様式には次の3つがある。

和様；古代に朝鮮半島や中国から伝えられた寺院建築を基礎に、平安時代末までに日本化されて成立した様式で、現代まで続く。興福寺東金堂など。鎌倉、室町時代には次の様式との折衷様も現れた。

大仏様（天竺様）；鎌倉時代の初期、重源上人が東大寺再建にあたり中国宋から取り入れた様式。東大寺南大門、浄土寺浄土堂など

禅宗様（唐様）；鎌倉時代に禅宗とともに中国宋から伝えられた様式。禅宗建築に用いられる。正福寺地蔵堂、円覚寺舎利殿など

参　考　書

朝日新聞社；週刊朝日百科「日本の国宝」、朝日新聞社（1997 〜 1999 年）
農商務省山林局；木材の工藝的利用、大日本山林会（1912 年）、復刻版　林業科学技術振興所（1982 年）
西岡常一；木に学べ、小学館（1988 年）
村松明監修；大辞泉、小学館（1995 年）
土門拳；愛蔵版　古寺巡礼、小学館（1998 年）
三好和義；日本の世界遺産、小学館（1999 年）

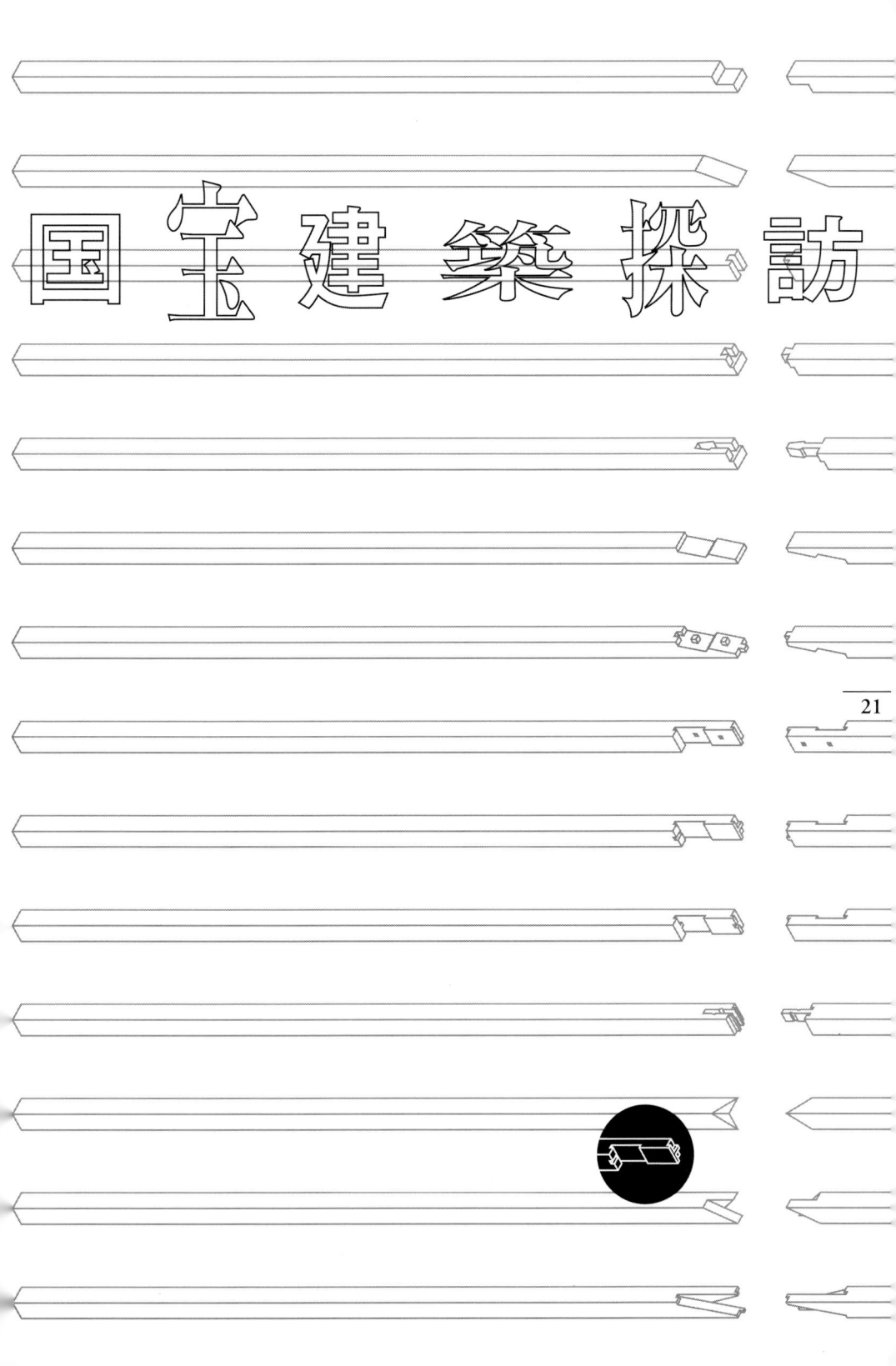

国宝建築探訪

岩手県

中尊寺金色堂 / ちゅうそんじこんじきどう　　　　　　　　　　　　西磐井郡平泉町

　正面3間、側面3間、一重、宝形造、本瓦形板葺（1124年）撮影禁止

　金色堂は現在鉄筋コンクリートの覆堂の中でガラスケースに収められている。この中は除湿器で相対湿度が年間を通じ65％程度に保たれている。カビや虫の害、金箔や螺鈿（らでん）の損傷を防ぐためである。

山形県

羽黒山五重塔 / はぐろさんごじゅうのとう　　　　　　　　　　　　東田川郡羽黒町

　三間五重塔婆、柿葺（1368～75年）

　五重塔は樹齢数百年の鬱蒼とした杉林の中に一つぽつんと建っていて、京都や奈良の寺院とはおおよそ趣をことにしている。木材に生えた白かびに周りの緑が映えて美しかった。建物は純和様で構成され、古式な様式を厳格に踏襲しているという。

羽黒山五重塔初層部：木の表面はカビが生え、白っぽく、まわりのグリーンが映えている。

羽黒山五重塔全景

宮城県

瑞巌寺本堂 / ずいがんじほんどう（元方丈 / もとほうじょう）　　　宮城郡松島町

桁行（正面）13間、梁間（側面）右側面9間、左側面8間、一重、入母屋造、本瓦葺、玄関付属（1609年）

瑞巌寺庫裏及び廊下 / くりおよびろうか

庫裏；桁行23.6m、梁間13.8m、一重、切妻造、妻入、本瓦葺、玄関及び北面庇2カ所を含む　正面5間、側面5間、一重、入母屋造、檜皮葺（1308年）
廊下；桁行　玄関2間、東廊6間、中廊11間、西廊2間、各梁間1間、一重、入母屋造、本瓦葺　（1609年頃）

このお寺は日本三景の一つ松島湾に面した平坦な土地に建立されている。伊達政宗ゆかりの寺院である。本堂は元方丈で、外見の装飾は簡素であるが、玄関正面の彫刻、本堂内部の襖絵や欄間の彫刻がすばらしい。庫裏は通常非公開であるが、たまたま訪れた日は公開されており、内部を拝観することができたが、大きな梁を使った木組がすばらしかった。また屋根は切妻造で妻飾が美しい。庫裏と本堂を結ぶ廊下は高欄付きの縁を巡らし、すばらしいアクセントを付けている。

瑞巌寺本堂木組：元方丈であったせいか、何の飾り気もない木組である

瑞巌寺本堂及び玄関

瑞巌寺本堂玄関正面

瑞巌寺庫裏全景

瑞巌寺庫裏妻部の木組

瑞巌寺廊下

宮城県

大崎八幡神宮 / おおさきはちまんじんぐう

仙台市青葉区八幡

　本殿；正面5間、側面3間、一重、入母屋造、柿葺
　石の間；正面1間、側面1間、一重、両下造、柿葺
　拝殿；正面7間、背面5間、側面3間、一重、入母屋造、正面千鳥破風付、向拝5間、軒唐破風付、柿葺（1607年）

　早朝に訪れたが、お宮の人達がかいがいしく境内を掃除しているところであった。これらの人々に守られて漆塗りの社殿が黒く輝いていた。伊達政宗ゆかりの神社である。建物は本殿、石の間、拝殿から構成されている権現造で、漆塗や彩色で多彩な装飾が施されているのが最大の特徴といえる。庭には250年というコウヤマキがやや傾斜して立っていた。

大崎八幡神宮拝殿

大崎八幡神宮本殿背面

福島県

願成寺阿弥陀堂/がんじょうじあみだどう（**白水**/しらみず**阿弥陀堂**）　　いわき市内郷白水町

正面3間、側面3間、一重、宝形造、杮葺（1160年）

宝形造、杮葺のお堂は大きな池に面して建っているせいかこじんまりとして、静かに佇んでいる。建物は平安時代の正統的な阿弥陀堂建築で、数少ない遺構とされている。正月のせいかかなり大勢の着飾った人達がお参りしていた。

願成寺阿弥陀堂全景

願成寺阿弥陀堂。沢山の垂木(たるき)が二段になっている。

栃木県

輪王寺大猷院霊廟 / りんのうじだいゆういんれいびょう　　日光市山内

　　本殿；正面3間、側面3間、一重裳階付き、入母屋造、銅瓦葺
　　相の間；正面3間、側面1間、一重、両下造、銅瓦葺
　　拝殿；正面7間、側面3間、一重、入母屋造、正面千鳥破風付、向拝3間、軒唐破風付、銅瓦葺（1653年）

建物は権現造の形式をとっているが、禅宗様仏殿の様式でまとめられ、東照宮に見られる神社建築の権現造とは趣をことにしている。そのためか東照宮ほどの華やかさはなく、むしろ落ち着いた雰囲気をたたえている。

輪王寺大猷院霊廟拝殿を望む

輪王寺大猷院霊廟本殿側面

東照宮陽明門 /とうしょうぐうようめいもん　　　　　　　　　　　　日光市山内

三間一戸楼門、入母屋造、四方軒唐破風付、銅瓦葺、左右袖塀付（1636年）

東照宮東西回廊 /とうざいかいろう

東回廊；折曲り延長54間、側面1間、御供所及び同廊を含む
西回廊；折曲り延長36間、側面1間
各；一重、入母屋造、銅瓦葺（1636年）

東照宮正面及び背面唐門 /しょうめんおよびはいめんからもん

正面唐門；正面1間、側面1間、一重、四方唐破風造、銅瓦葺
背面唐門；一間一戸平唐門、銅瓦葺（1636年）

東照宮東西透塀 /とうざいすきべい

東透塀；折曲り延長43間、銅瓦葺
西透塀；折曲り延長44間、銅瓦葺（1636年）

東照宮本殿、石の間及び拝殿 /ほんでんいしのまおよびはいでん

本殿；正面5間、側面5間、一重、入母屋造、背面向拝1間、銅瓦葺
石の間；正面3間、側面1間、一重、両下造、銅瓦葺
拝殿；正面9間、側面4間、一重、入母屋造、正面千鳥破風付、向拝3間、軒唐破風付、銅瓦葺（1636年）

桃山時代に培った絢爛華美の粋をここにすべて集約したのであろうか。厚化粧のため残念ながら木材の素顔に接することはできない。陽明門は彫物によって埋め尽くされている。東西回廊の南正面は、鳥や植物を組み合わせた大きな彫刻が施されている。正面唐門は木部全体を胡粉塗とし、要所に飾金具と金箔が施され、また外国産の銘木を木地に唐木象嵌が施されている。白地に金色と唐木の黒っぽい色が映えている。東西透塀は黒漆塗りを基調としている。本殿、石の間及び拝殿は権現造の複合的な形式で、多彩な建築表現と各種装飾技法が取り入れられている。

東照宮陽明門正面全景　栃木県

東照宮東回廊

東照宮西回廊

東照宮東透塀

東照宮正面唐門

東照宮拝殿及び本殿

東京都

正福寺地蔵堂/しょうふくじじぞうどう　　　　　　　　東村山市野口町

正面5間、側面5間、一重裳階付、入母屋造、柿葺、裳階銅板葺（1407年）

大東京都に残されたたった一つの国宝建築物である。建物は禅宗様仏殿の典型で、円覚寺舎利殿と細部にいたるまでよく似ているという。

正福寺地蔵堂正面全景

正福寺地蔵堂正面

神奈川県

円覚寺舎利殿 / えんがくじしゃりでん　　　　　　　　　　　　　　　　鎌倉市山ノ内

　正面3間、側面3間、一重裳階付、入母屋造、柿葺（15世紀）

　鎌倉特有の入り組んだ谷間を谷戸と呼ぶのだそうだが、その地形を利用した鎌倉でも屈指の大寺院の緑一杯の境内の一角に静かに佇んでいる素朴さを感じさせる建物である。非公開のため写真は門越しに撮った。建物は禅宗様仏殿の典型であるという。

円覚寺舎利殿正面

円覚寺舎利殿遠景

山梨県

清白寺仏殿 / せいはくじぶつでん　　　　　　　　　　　山梨市三ヶ所

正面3間、側面3間、一重裳階付、入母屋造、檜皮葺（1415年）

周辺は一面葡萄畑である。その中の細い道をかろうじて通り抜け、ようやく境内にたどり着くことができる。仏殿は組み物が簡略化されていて、清楚な趣を持っている。

清白寺仏殿正面全景

清白寺仏殿正面

大善寺本堂 /だいぜんじほんどう

東山梨郡勝沼町

正面5間、側面5間、一重、寄棟造、檜皮葺（1286年）

勝沼の東、国道20号から少し上がったところに建っている。キツツキが穿ったのか軒下の壁にはいくつか穴があいており、また正面の軒下には大きな蜂の巣が下がっている。木造建築は鳥や昆虫にとってもよい住みかなのであろう。

大善寺本堂全景

大善寺本堂正面：右上に蜂の巣が見える

長野県

安楽寺八角三重塔 / あんらくじはっかくさんじゅうのとう　　　　　　　　上田市別所温泉

　八角三重塔婆、初重裳階付、柿葺（14世紀）

　この辺り一帯を塩田平といっているが、塩田平はまた信州の鎌倉とも呼ばれ、鎌倉時代の多くの文化財が残されている。この三重塔と次の大法寺三重塔はその代表である。
塔の高さは18.8m、一見四重塔のように見えるが、一番下の一番大きい屋根が裳階である。国宝の塔で八角形のものはこれだけである。禅宗様で極めて中国的色彩が濃いという。

安楽寺八角三重塔上層

安楽寺八角三重塔全景

安楽寺八角三重塔初層の木組

大法寺三重塔/だいほうじさんじゅうのとう　　　　　　　　　　　　　　小県郡青木村

　三間三重塔婆、檜皮葺（1333年）

塔の高さは18.6m、別名見返りの塔と呼ばれ、何度も振り返りたくなるほど美しい純和様の塔である。初重の柱間が大きめで安定感がある。

大法寺三重塔全景

大法寺三重塔初層の木組

善光寺本堂 / ぜんこうじほんどう　　　　　　　　　　　　　　　　　　長野市長野元善町

　正面5間、側面14間、一重裳階付、撞木造(しゅもくづくり)、妻入、正面向拝3間、軒唐破風付、両側面向拝各1間、総檜皮葺（1707年）

　何とも大きい建物である。間口24 m、奥行54 mで東日本最大の仏堂であるという。正面から見ても側面から見ても棟を持っていて、上から見ると棟がT字型に交わっている撞木造である。直径約60cm、長さ13～15 mのケヤキの柱が使われている。1847年の地震（善光寺大地震）にも被害は少なかったという。1615、1642、1700年と度々火災に遭い、その都度再建されてきたという。

善光寺本堂正面（棟が見える）：人をさけて撮りたくても参拝者が多くてどうしようもない

善光寺本堂：床下は亀腹で固められている

仁科神明宮 / にしなしんめいぐう

大町市大字社宮本

　　本殿；正面3間、側面2間、神明造、檜皮葺
　　中門（前殿）；四脚門、切妻造、檜皮葺
　　釣屋；本殿，中門に付属（17世紀）

樹齢700年にも及ぶ鬱蒼とした杉林の中に佇んでいる、わが国最古の伊勢神宮と同じ神明造のお宮である。屋根が茅葺きでなく檜皮葺きである点が伊勢神宮と異なるという。

仁科神明宮：左から本殿、釣屋、中門、拝殿

本殿の棟木、千木、鰹木

松本城天守 /まつもとじょうてんしゅ

松本市丸の内

　天守；五重六階、本瓦葺
　乾小天守；三重四階、本瓦葺
　渡櫓；二重二階、本瓦葺
　辰巳附櫓；二重二階、本瓦葺
　月見櫓；一重、地下一階付、本瓦葺（1594年以降）

松本市内の平坦な土地に建っている現存最古の五重天守を持つ華麗な平城である。

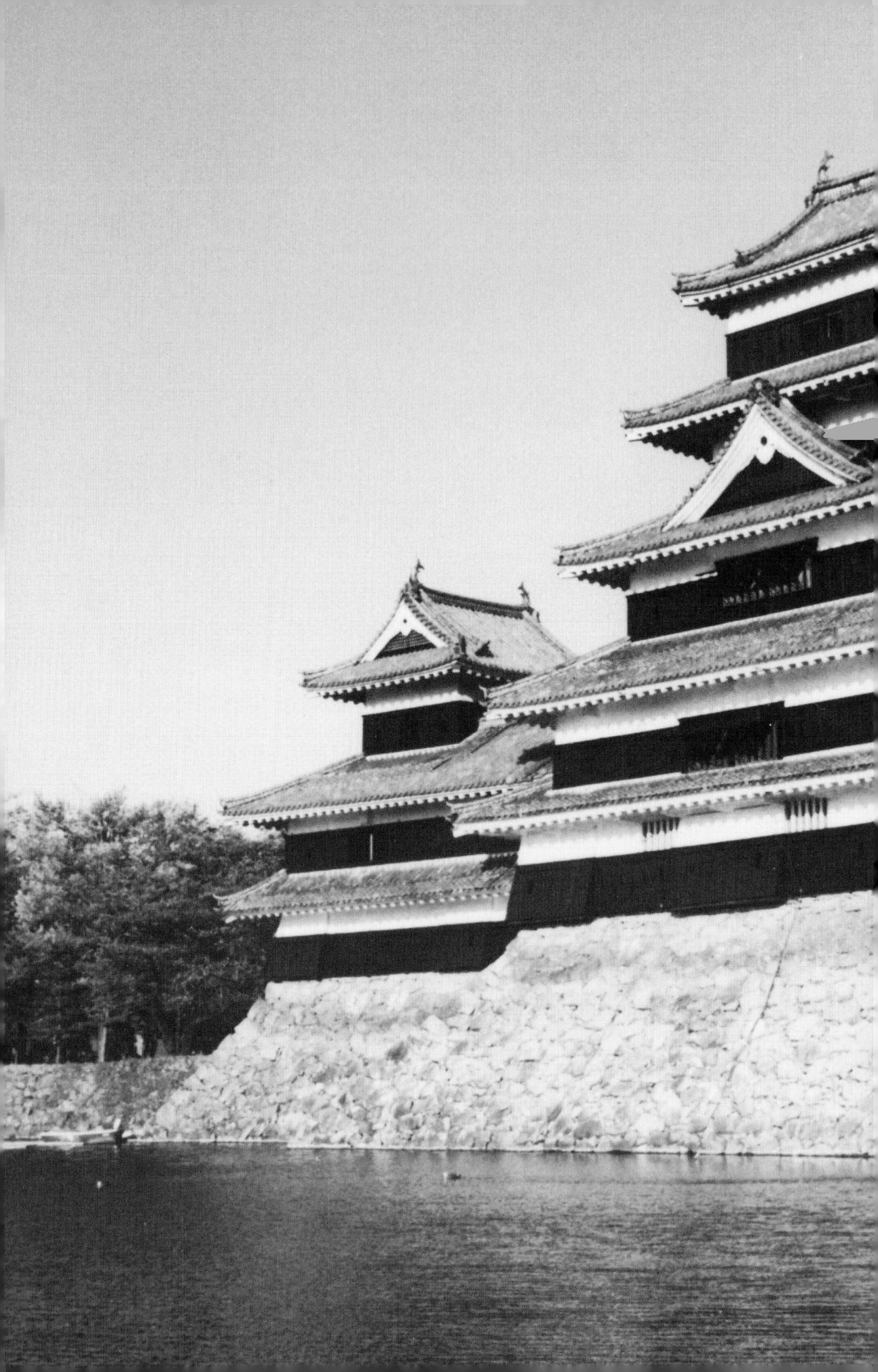

松本城天守全景

松本城天守。部材表面の手斧(ちょうな)のあとが美しい

富山県

瑞龍寺仏殿・法塔・山門 / ずいりゅうじぶつでん・はっとう・さんもん　　　高岡市関本町

仏殿；正面（桁行）3間、側面（梁間）3間、一重裳階付、入母屋造、鉛瓦葺
法塔；正面11間、側面9間、一重、入母屋造、銅板葺（向拝；正面1間、側面2間、一重、向破風造、銅板葺）
山門；三間一戸二重門、入母屋造、柿葺、左右山廊付（各正面；正面3間、側面1間、一重、切妻造、柿葺）（17〜19世紀）

最近国宝に指定されたいわば新たに発掘された国宝建築である。国宝指定にあたりかなり大がかりな修復工事が行われたという。部材もずいぶん取り替えられたのか、一見、新築の建物の印象を受ける。柱や梁などほとんどの部材はケヤキ材で、勇壮な木目が美しい。この寺は禅宗寺院で、仏殿や山門は禅宗様、法塔は特有の方丈形式である。創建が17世紀以降と新しく、近世ならではの華やかな意匠が各所に見られる。

瑞龍寺仏殿全景

瑞龍寺仏殿内部木組：高い天井いっぱいに勇壮な木組が上昇していく。禅宗様の典型的な建物である。

瑞龍寺法塔全景

瑞龍寺法塔仏間

瑞龍寺山門周辺全景

福井県

明通寺本堂 /みょうつうじほんどう　　　　　　　　　　　　　　　　　　　　　小浜市門前

　正面5間、側面6間、一重、入母屋造、向拝1間、檜皮葺（1258年）

明通寺三重塔 /さんじゅうのとう

　三間三重塔婆、檜皮葺（1270年）

周辺が杉木立で鬱蒼と囲まれているせいか、あるいは裏日本の気候のせいか建物の部材はかびで覆われ、古色蒼然としている。本堂の柱は案内ではヒノキアスナロとのことである。和様と禅宗様の折衷様建築の早い事例とされている。三重塔は総高22.5ｍ、初期新和様の塔である。

明通寺本堂と三重塔

明通寺本堂。柱や戸の表面はかびがいっぱい

明通寺三重塔全景

明通寺三重塔木組

岐阜県

安国寺経蔵 /あんこくじきょうどう　　　　　　　　　　　吉成郡国府町

正面1間、側面1間、一重裳階付、入母屋造、柿葺、八角輪蔵付（1408年）

岐阜県の北部高山市のすぐ北の町国府町に残された経蔵である。堂中には屋根裏一杯の高さの輪蔵が収められていて、身舎の高い建物となっている。年代が明らかな最古の輪蔵である。

安国寺経蔵正面

安国寺経蔵正面：扉は何の装飾もない

永保寺開山堂 / えいほうじかいさんどう　　　　　多治見市虎渓山町

下陣；正面3間、側面3間、一重、入母屋造、檜皮葺
内陣；正面1間、側面1間、一重裳階付、入母屋造、檜皮葺、相の間を含む（14世紀）

永保寺観音堂 / かんのんどう

正面3間、側面3間、一重裳階付、入母屋造、檜皮葺（14世紀）

よく手入れされた庭園の池に面して観音堂が、また、池からやや奥まったところに開山堂が樹木に囲まれて建っている。両堂とも禅宗様仏殿である。また庭には高樹齢のイチョウが枝を一杯に広げて立っている。

永保寺開山堂正面：屋根のそりが一きわ大きく美しい

永保寺開山堂：木組

永保寺観音堂：遠景　岐阜県

永保寺観音堂背面上部：屋根に生えたコケのグリーンが美しい。

愛知県

金蓮寺弥陀堂 /こんれんじみだどう　　　　　　　　　　　　　　　　幡豆郡吉良町

　正面3間、側面3間、一重、寄棟造、正面1間通り庇、左側面後部2間庇、縋破風造り、檜皮葺（13世紀中頃）

　忠臣蔵の敵役吉良家ゆかりのお寺である。国宝はこの弥陀堂だけであるが、周辺には国や県や町指定の多くの重要文化財が点在し、吉良藩の文化の高さがうかがえる。一間の正方形の身舎（内陣）の四方を庇が取り囲んでいる一間四面堂とよばれる鎌倉時代の簡素な形式で、貴族住宅と共通の意匠を持っているという。

金蓮寺弥陀堂正面：一間の通り庇が奥行きのある雰囲気を作り出している。

金蓮寺弥陀堂正面　愛知県

犬山城天守/いぬやまじょうてんしゅ　　　　　　　　　　犬山市大字犬山

　三層（重）四階、地下二階付、本瓦葺、南面及び西面附櫓、各一層、本瓦葺（16世紀）

「なんて小さいお城なんだろう」という見学者の声が耳にはいる。こじんまりしたお城である。天守発生期の特色を示す望楼型天守で、書院造の室内になっているのが特徴という。

犬山城天守全景

犬山城木組：寺院とは異なり、城に使われている木材は粗末であるが、この城はとりわけその感が強い

如庵/じょあん　　　　　　　　　　　　　　　　　　　犬山市御門先

　茶室二畳半大（台）目、水屋の間（勝手）三畳、廊下の間より成る、一重、入母屋造、杮葺（1618年）

　旧正伝院書院と廊下づたいに繋がっている清楚な建物である。床は黒漆塗りの框と釿はつりの雑木の床柱が使われているなど独創性あふれる茶室として評価が高い。茶室の性質から細い部材が使われており、いつまでもつんだろうと気がかりである。

如庵正面

如庵内部：床柱と床框に注目!!

滋賀県

宝厳寺唐門/ほうごんじからもん　　　　　　　　　　　　　　　　　東浅井郡びわ町

一間一戸向唐門、檜皮葺（1603年）

都久夫須麻神社本殿/つくぶすまじんじゃほんでん　　　　　　　　　東浅井郡びわ町

正面3間、側面3間、一重、入母屋造、前後軒唐破風付、周囲庇及び正面向拝1間付、総檜皮葺、身舎及び背面庇（1602年）、向拝及び庇（1567年）

琵琶湖の北方に浮かぶ小さな島竹生島の断崖の上に、宝厳寺と都久夫須麻神社は所狭しと立てられている。神社と寺は廊下で繋がっていて、どこが境界だかよくわからない。都久夫須麻神社本殿の身舎と向拝及び庇とで建築年代が異なるのは別々の二つの建物が集合されたためとされている。本殿は中心部に絢爛豪華な桃山風装飾が施されており、同様な装飾が施されている宝厳寺唐門とともに豊国廟あるいは伏見城の日暮御殿の遺構であったとされている。

宝厳寺唐門：正面には彫刻がはめ込まれている

宝厳寺唐門を下から見上げたところ

都久夫須麻神社本殿正面：唐破風付の本殿はめずらしい

都久夫須麻神社本殿内部：彫刻が各所に施されている

彦根城天守、附櫓及び多聞櫓 /ひこねじょうてんしゅ、つけやぐらおよびたもんやぐら　　彦根市金亀町

　　天守；三重三階、地下階段室、玄関付、本瓦葺
　　附櫓及び多聞櫓；各一重櫓、本瓦葺（1606年）

　琵琶湖を眺望できる小高い丘の上に立っている美しい城で、井伊大老の城であることはよく知られている。城の外観は装飾性豊かな反面内部は雄大な構えとなっていることなどから、城が防衛拠点から象徴的存在へと移行する過渡期の天守といわれている。城郭内にある彦根城博物館には国宝の風俗図（彦根屏風）が保管されており、訪れたとき一年に一度の公開日に幸いにも出くわし、お陰で江戸時代の遊里の風俗に接することができた。

彦根城天守

彦根城天守内部の梁組：多重曲がりの梁組がユーモラスな曲線を描いている

金剛輪寺本堂/こんごうりんじほんどう

愛知郡秦荘町

正面7間、側面7間、一重、入母屋造、檜皮葺（14世紀）

参道には赤い前掛けをかけたお地蔵さんが迎えてくれ、参観者の疲れをいやしてくれる。本堂は西明寺と瓜二つであるが、内部は西明寺が繊細であるのに対してこの建物は豪快な空間を形作っている。和様ではあるが禅宗様の要素が入り交じった折衷様だという。

金剛輪寺本堂全景

金剛輪寺本堂外陣

大笹原神宮本殿 / おおささはらじんじゃほんでん　　　　　　　　　　　　　　　野洲郡野洲町

正面3間、側面3間、一重、入母屋造、向拝1間、檜皮葺（1414年）

　国宝建築物を訪ねていくと必ず道案内があって道がわからなくなることはほとんどない。しかしこの宮は、道々の案内板も錆び付いていて字が読めないくらいで行き着くのにいささか苦労させられる。神社の境内も草蒸していて、国宝建築を持つ神社の面影はない。この本宮と御上神社、苗村神社の本殿の規模は三者でほぼ等しいが、それぞれの特徴を持っている。本宮と御上神社は神社建築では珍しい入母屋造であるのに対し、苗村神社は通常の流造、屋根の傾斜や反りは苗村神社と御上神社は緩やかなのに対し、本宮は傾斜、反りともに強い、御上神社は棟に千木と鰹木を持つのに対し、本宮と苗村神社は持たない、また本宮は華やかな組み物や格子戸を持っているのに対し、御上神社と苗村神社の組物は簡素であるなどである。

大笹原神宮本殿全景

大笹原神宮本殿向拝

御上神社本殿 /みかみじんじゃほんでん

野洲郡野洲町

正面3間、側面3間、一重、入母屋造、向拝1間、檜皮葺（1300年）

境内は国道8号に面していて、大きな鳥居をくぐると立派な楼門が目に付く。これらに比べ、国宝の本殿は小ぶりで簡素である。

御上神社本殿全景

御上神社本殿側面

滋賀県

苗村神社西本殿 / なむらじんじゃにしほんでん　　　　　　　　　　　　　　蒲生郡竜王町

　三間社流造、向拝1間、檜皮葺（1308年）

開かれた地形に大きな楼門がにょっきり建っていて驚かされる。お宮も周りに木の無い、開放的なところに建っている。

苗村神社西本殿正面

苗村神社西本殿側面

西明寺本堂／さいみょうじほんどう　　　　　　　　　　　　　　　　　　　　犬上郡甲良町

　正面7間、側面7間、一重、入母屋造、向拝3間、檜皮葺（13世紀）（14世紀末に改造）

西明寺三重塔／さんじゅうのとう

　三間三重塔婆、檜皮葺（13世紀後半〜14世紀前半）

　寺のパンフレットによると本堂、五重塔とも飛騨の匠の手によるものだという。釘が一本も使ってないとのことである。本堂は和様本流をゆく中世仏堂の代表例だといわれている。三重塔は総高20ｍ鎌倉時代建立の純和様の塔である。

西明寺本堂全景

西明寺本堂側面

滋賀県

西明寺三重塔全景

西明寺三重塔木組

常楽寺本堂/ほんどう　　　　　　　　　　　　　　　　　　　　　　　　甲賀郡石部町

　正面7間、側面6間、一重、入母屋造、向拝3間、檜皮葺（14世紀後半）

常楽寺三重塔/じょうらくじさんじゅうのとう

　三間三重塔婆、本瓦葺（1400年）

境内の手入れは勿論のこと、国宝建築物ももう一つ管理が十分でない印象を受けた。速やかな対策が望まれる。三重塔は総高22.8ｍ、西明寺三重塔とほぼ同じ規模である。塔は上層に行くに従い寸法が低減してゆくが、西明寺では上層に行くほどたる木間隔を狭くし、組み物も小さくしているが、この三重塔はたる木の数を減らすだけでその調節を行っており、寸法計画の巧みな塔であるという。本堂は伝統的な和様の要素とともに、単純な大仏様とも禅宗様ともつかぬ新しい意匠が使われていて、いわゆる新和様であるという。

常楽寺本堂と三重塔

常楽寺本堂向拝の柱：4本とも途中から継ぎ足して修理されているのが目につく

常楽寺三重塔全景

常楽寺三重塔木組

滋賀県

善水寺本堂 /ぜんすいじほんどう　　　　　　　　　　　　甲賀郡甲西町

正面7間、側面5間、一重、入母屋造、檜皮葺（14世紀中期）

裏手から境内に入っていくと、突然犬が吠えた。それが合図でもあったかのように、住職が出てこられ、本堂の中まで丁寧に案内いただいた。ついつい恥を承知で、何故密教というのかお尋ねしてしまった。建物は和様に大仏様、禅宗様の要素を加味し、礼堂写真からも明らかなように、大きな部材が豪快に使われ、華麗な彫刻が施されている。

善水寺本堂全景

善水寺本堂外陣

滋賀県

長寿寺本堂/ちょうじゅじほんどう　　　　　　　　　　　　　　　　　　甲賀郡石部町

　正面5間、側面5間、一重、寄棟造、向拝3間、檜皮葺（12世紀末）

　よく手入れされているにも係わらず、何となくひなびた雰囲気の漂うお寺である。檜皮葺の屋根についた苔の薄緑が美しかった。建物は伝統的な和様を基調とするが、技法や意匠に様々な工夫が見られるのが特徴であるという。

長寿寺本堂正面

長寿寺本堂背面

石山寺多宝塔/いしやまでらたほうとう   大津市石山寺

三間多宝塔、檜皮葺（1194年）

石山寺本堂

正堂/しょうどう；正面7間、側面4間、寄棟造
合の間/あいのま；桁行1間、梁間7間
礼堂/らいどう；懸造、正面9間、側面4間、寄棟造、総檜皮葺
正堂（1096年）、合の間、礼堂（1602年）

多宝塔は日本で最も古く建てられたもので当初の形を保つものであるという。本堂は紫式部が源氏物語を書いた場所としてよく知られている。屋根の葺き替え中で、葺き上がったばかりの檜皮の色合いが鮮やかに目に焼き付けられた。懸造（かけづくり）が示しているように、急峻な地形のところに建てられており、本堂の全景を見ることのできるところは見あたらなかった。

石山の上に建つ石山寺多宝塔

石山寺多宝塔全景

石山寺多宝塔下層

滋賀県

86

石山寺本堂、礼堂懸造の木組

石山寺本堂：
葺き替え中の屋根

園城寺金堂 /おんじょうじこんどう（三井寺） 　　　　　　　　　　　　　大津市園城寺町

正面7間、側面7間、一重、入母屋造、向拝3間、檜皮葺（1599年）

園城寺新羅善神堂 /しんらぜんじんどう

正面3間、側面3間、一重、流造、向拝1間、檜皮葺（1347年）

勧学院客殿 /かんがくいんきゃくでん

正面7間、側面7間、一重、入母屋造、妻入、正面軒唐破風付
中門；正面1間、側面1間、一重、切妻造、総柿葺（1600年）

光浄院客殿 /こうじょういんきゃくでん

正面6間、側面7間、一重、入母屋造、妻入、正面軒唐破風付
中門；正面1間、側面1間、一重、切妻造、総柿葺（1601年）

広い境内に沢山の堂宇が建っていて、目的とする建物を見つけるのに手間がかかる。その中でも新羅善神堂は金堂などとは別の離れたところにあり、大津市役所の裏まで脚を伸ばさねばならなかった。園城寺は織田信長によって焼き討ちされ、ほとんどの堂宇が焼失したが、新羅善神堂は離れていたため、難を免れたという。建立年が他の建物と250年ばかり異なるのはそのためである。金堂は正面23.21m、側面23.17mの大きな建物である。東大寺金堂は別格として、この金堂も大きな建物の一つである。和様の組み物などから伝統的な寺院建築であるという。勧学院客殿と光浄院客殿は建築年代、大きさ、建築様式などよく似ているが、内部はかなり異なる。勧学院客殿が一山の学問所としての公的なものであるのに対して、光浄院客殿は私的な生活の空間という違いによるという。新羅善神堂は木割が太く、組物も簡素で、優美な神社である。

園城寺金堂全景

園城寺金堂正面向拝

園城寺新羅善神堂全景

園城寺新羅善神堂側面

光淨院客殿正面

光淨院客殿全景

延暦寺根本中堂 / えんりゃくじこんぽんちゅうどう　　大津市坂本本町

正面11間、側面6間、一重、入母屋造、瓦棒銅板葺（1640年）

正面37.6m、側面23.9mの大きな建物の堂内は、内陣が下陣より一段と低くなっていて、工事中のせいか真っ暗で、何がまつってあるのかもわからず、なんだか洞窟を探検しているようであった。この建物は草創以来火災や台風による倒壊などを繰り返し、現在の建物は8代目であるという。この建物は近世の社寺建築らしく、軒下を豪華に飾っているのが特徴という。

延暦寺根本中堂正面

延暦寺根本中堂正面

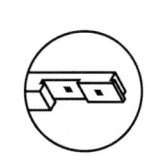

日吉大社西本宮本殿/東本宮本殿/ひよしたいしゃにしほんぐうほんでん/ひがしほんぐうほんでん　　大津市坂本

　各；正面5間、側面3間、日吉造、檜皮葺、西本宮本殿（1586年）、東本宮本殿（1595年）

「西本宮の建物が東本宮の建物より少しづつ大きいんですよ」と参拝者が話し合っているのが聞こえてきた。二つの本宮の建物は門も本殿も一見双子で見分けがつかないくらいである。この神社は比叡山の信仰とともにあり、盛衰をともにしてきたという。両本殿とも1571年の織田信長による焼き討ち後再建されたものである。

日吉大社西本宮本殿全景

日吉大社西本宮本殿向拝

日吉大社東本宮本殿全景

日吉大社東本宮本殿向拝

京都府

高山寺石水院 / こうざんじせきすいいん　　　　　　　　右京区梅ヶ畑栂尾町

　正面3間、背面4間、側面3間、正面一間通り庇、一重、入母屋造、妻入、庇葺おろし、向拝1間、柿葺（13世紀前半）

　高樹齢の杉林に覆われ、こけむした石垣で区切られて転々といくつかの建物が建てられている。石水院も高い石がけの上に建てられている。正面の拝所は板間で、透いた格子戸と吊り上げの蔀戸で囲われ内とも外ともつかぬ空間をつくりだしている。また石水院は全体に周辺の自然によくマッチした幽玄で優美な建物である。

高山寺石水院側面

高山寺石水院拝所

仁和寺金堂/にんなじこんどう　　　　　　　　　　　　　　　　　　右京区御室大内

　正面7間、側面5間、一重、入母屋造、向拝1間、本瓦葺（1613年）

旧紫宸殿を移築し、改造を加えて金堂としたもので、宮殿の趣が残された仏殿である。飾り金具がその趣を一層引き立てている。

仁和寺金堂正面全景

仁和寺金堂側面

広隆寺桂宮院本堂 / こうりゅうじけいきゅういんほんどう

右京区太秦蜂岡町

八角円堂、一重、檜皮葺（13世紀後半）

拝観は限られた月の限られた日曜日のみである。このお堂は一辺2.13mで全国に五つある国宝の八角堂の中では一番小ぶりで、竹林に囲まれ静かに佇んでいる。聖徳太子信仰に伴う建築の一つで、優雅な純和様のデザインで建てられている。

広隆寺桂宮院本堂正面全景　京都府

大徳寺唐門／だいとくじからもん　　　　　　　　　　　　　　　　　北区紫野大徳寺町

　四脚門、切妻造、前後軒唐破風付、檜皮葺（16世紀末～17世紀初め）　撮影禁止

大徳寺方丈及び玄関／ほうじょうおよびげんかん

　方丈；正面29.8ｍ、側面17.0ｍ、一重、入母屋造、桟瓦葺、背面雲門庵付属（1635年）
　玄関；正面6間、側面1間、一重、唐破風造、桟瓦葺（1636年）　撮影禁止

大仙院本堂／だいせんいんほんどう

　正面14.8ｍ、側面10.8ｍ、一重、入母屋造、銅板葺（1513年）

龍光院書院／りょうこういんしょいん

　正面4間、背面6間、側面5間、一重、寄棟造、柿葺（17世紀初め）　非公開

大徳寺境内の国宝建築物は非公開であったり、公開日に行っても撮影が禁止されているものが多く、大仙院のみが通常公開され撮影も制限されていない。大仙院本堂は、当時の大徳寺住持、古嶽宗亘が隠居所として建てた方丈建築で、東福寺龍吟庵方丈に次いで古い。唐門は各所に彫刻が施され、創建当時は華やかな彩色が施されていて「日暮門」と呼ばれていたという。

大仙院本堂全景

京都府

大仙院縁側

賀茂別雷神社本殿及び権殿/かもわけいかずちじんじゃほんでんおよびごんでん（**上賀茂神社**）北区上加茂本山

　　2棟各；三間社流造、檜皮葺（1863年）非公開

国宝の本殿及び権殿は塀により全く人目に付かぬように取り囲まれており、世界文化遺産の看板のみが目に付いた。

賀茂御祖神社東本殿及び西本殿/かもみおやじんじゃひがしほんでんおよびにしほんでん（**下鴨神社**）左京区下鴨泉川町

　　2棟各；三間社流造、檜皮葺（1863年）

両本殿は拝殿の隙間からかいま見ることができるが、写真もこの地点からなら撮ることができる。土台の真っ白な亀腹に陽光が反射し、何を撮っているのかわからなくなってしまう。現在の本殿の建立年は新しいが、古式を伝える流造であるという。

賀茂御祖神社西本殿

賀茂御祖神社：奥の建物が西本殿

大報恩寺本堂/だいほうおんじほんどう（**千本釈迦堂**）　　　　上京区七本松通今出川上ル

　正面5間、側面6間、一重、入母屋造、向拝1間、檜皮葺（1227年）

　京都の市街地に建つ神社、仏閣はほとんどが火災にあっていて、古いものは少ないが、この本堂のみは周辺まで火が近づいたにもかかわらず、難を逃れて今日に及んでいる唯一の建物である。京都最古の木造建築で、鎌倉初期の和様を代表する建物という。

大報恩寺本堂全景

大報恩寺本堂外陣側面木組

北野天満宮本殿、石の間、拝殿及び楽の間／きたのてんまんぐうほんでん、いしのま、はいでんおよびがくのま　上京区馬喰町

本殿；正面5間、側面4間、一重、入母屋造、西側面3間庇付、檜皮葺
石の間；正面3間、側面1間、一重、両下造、檜皮葺
拝殿；正面7間、側面3間、一重、入母屋造、正面千鳥破風付、向拝7間、軒唐破風付、檜皮葺
東西楽の間各；前面2間、背面3間、側面2間、一重、一端入母屋造、他端拝殿に接続、檜皮葺（1607年）

菅原道真を祀る日本最古の権現造である。何度か訪れたが本殿など目下大修理中である。

北野天満宮：国宝建築物はこの門の奥にある

天満宮に梅はつきものである。

二条城二の丸御殿/にじょうじょうにのまるごてん　　　　中京区二条通堀川西入二条城町

　　　遠侍及び車寄；遠侍　南北33.1 m、東西31.51 m、一重、入母屋造、本瓦葺、車寄
　　　南北9.85 m、東西7.88 m、一重、入母屋造、檜皮葺
　　　式台；南北17.73 m、東西18.75 m、一重、入母屋造、本瓦葺
　　　大広間；南北29.54 m、東西26.59 m、一重、入母屋造、本瓦葺
　　　蘇鉄の間；南北17.73 m、東西5.91 m、一重、入母屋造、本瓦葺
　　　黒書院（小広間）；南北20.69 m、東西27.57 m、一重、入母屋造、本瓦葺
　　　白書院（御座の間）；南北16.74 m、東西15.76 m、一重、入母屋造、本瓦葺、
　　　黒書院白書院間渡廊；南北14.77 m、東西1.97 m、一重、両下造、本瓦葺（17世紀初め）

　二の丸御殿は唐門を入ると、東北から南西にわたって、車寄、遠侍、式台、大広間、蘇鉄の間、黒書院、白書院と大小の建物が数珠繋ぎに並んでいる壮大な宮殿である。内部はうぐいす張りの廊下づたいに見学できるが、襖絵、欄間の彫刻など見るべきものが多く、徳川幕府の威信を感じさせる建物となっている。床下には格子をはめた換気孔が設けられ、高床など開放的な床下の神社仏閣とは異なっているのが目に付く。

二条城二の丸御殿：遠侍（左）及び車寄

二条城二の丸御殿：大広間

二条城二の丸御殿：黒書院（右）及び白書院

二条城二の丸御殿：床下換気口

本願寺北能舞台 /ほんがんじきたのうぶたい　　　　　　下京区堀川通花屋町下ル

舞台；正面1間、側面1間、一重、正面入母屋造、背面切妻造、脇座　庇造、　葺きおろし、檜皮葺
後座；正面1間、側面1間、片流、柿葺、
橋掛り；正面3間、側面1間、一重、両下造、檜皮葺（17世紀））撮影禁止

本願寺書院 /しょいん（対面所及び白書院）

南北38.5ｍ、東西29.5ｍ、一重、入母屋造、妻入、庇及び濡縁付、本瓦葺（17世紀前半）撮影禁止

本願寺黒書院及び伝廊 /くろしょいんおよびでんろう

黒書院；南北13.9ｍ、東西21.5ｍ、二重、寄棟造、柿葺
伝廊；南北10.1ｍ、東西5.9ｍ、一重、両下造、柿葺（1657年）撮影禁止

本願寺飛雲閣 /ひうんかく

南面及び北面25.8ｍ、東面11.79ｍ、西面12.47ｍ、三重、柿葺（17世紀）非公開

本願寺唐門 /からもん

四脚門、前後唐破風造、側面入母屋、檜皮葺（17世紀前半）

西本願寺境内の国宝建築物は非公開のもの、公開日が制限され且つはがきで申し込みを必要とするものがあり、ようやく拝観できても撮影禁止のものがほとんどである。唐門とその周辺は自由に見学、撮影できる。唐門は門の各所に極彩色の彫刻や飾り金物が施され絢爛豪華である。

本願寺唐門正面

本願寺唐門側面彫刻

教王護国寺大師堂／きょうおうごこくじだいしどう（**西院御影堂**／さいいんみえどう） 南区九条町

後堂；正面7間、側面4間、一重、入母屋造、北面西端2間庇、縋破風造、東面向拝1間
前堂；正面5間、側面4間、一重、北面入母屋造、妻入、南面後堂に接続
中門；正面2間、側面1間、一重、西面切妻造、東面前堂に接続、総檜皮葺
（1380年）、前堂は（1390年）増築

教王護国寺金堂／こんどう

正面5間、側面3間、一重裳階付、入母屋造、本瓦葺（1603年）

教王護国寺五重塔／ごじゅうのとう

三間五重塔婆、本瓦葺（1644年）

教王護国寺蓮花門／れんげもん

三間一戸八脚門、切妻造、本瓦葺（12世紀末）

観智院客殿／かんちいんきゃくでん 南区九条町

正面13.7m、側面12.7m、一重、入母屋造、妻入、正面軒唐破風付、銅板葺
中門；正面1間、側面1間、一重、切妻造、総銅板葺（1605年）非公開

東寺は観智院客殿が非公開であるほかは、極めて開放的で、周辺では朝市が開かれたりしている。大師堂は空海在世の住坊で、後堂は空海の持仏堂であったという由緒をもつという。平坦で極めて複雑な建物で、どちらが前で、どちらが後ろかわからない。金堂は壮大で、大仏様を用いた豪快な建物である。内部にはいると、柱の長さが長く、天井の高い大空間に圧倒される。五重塔は総高約55mあり、日本で一番大きい塔である。3本継ぎの心柱が基壇から五層の屋根まで通っているという。なぜか黒ずんでいて、普通に撮影すればシルエットになってしまう。黒っぽい木組の撮影に挑戦してみた。蓮華門は、法隆寺東大門や東大寺転害門とともに古い伝統的建築様式をよく伝えているといわれている。

教王護国寺大師堂前堂

教王護国寺大師堂後堂向拝

教王護国寺金堂全景

教王護国寺金堂木組

京都府

教王護国寺金堂正面

教王護国寺五重塔全景

教王護国寺五重塔初層木組

教王護国寺蓮花門正面

京都府

115

教王護国寺蓮花門側面

観智院玄関

慈照寺銀閣 /じしょうじぎんかく（慈照寺観音殿） 　　　　　　　　　左京区銀閣寺町

　東面及び西面8.2 m、北面7.0 m、南面5.9 m、二重、宝形造、柿葺（1489年）

慈照寺東求堂 /じしょうじとうぐどう

　正面6.9 m、側面6.9 m、一重、入母屋造、檜皮葺（1486年）

　銀閣は金閣とともに楼閣建築の双璧をなすものである。しかし金閣は戦後炎上し、再建されたが、国宝指定からは外されている。銀閣は建築が山水に融合する穏やかな雰囲気を醸し出し、東山文化を象徴している建築といわれている。東求堂は本来持仏堂として建てられたが、むしろ住宅としての性格が強く、書院造り成立直前の住宅遺構と位置づけられている。

慈照寺銀閣全景

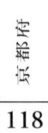

慈照寺銀閣背面

慈照寺東求堂正面

慈照寺東求堂側面　京都府

南禅寺方丈 / なんぜんじほうじょう　　　　　　　　　　　　左京区南禅寺福地町

　大方丈；一重、入母屋造、柿葺（1611年）
　小方丈；一重、背面切妻造、前面大方丈に接続、柿葺（1624〜44年）

大方丈は京都御所の造営に際し、女院御所を移築したもので、その面影が各所に残されていて、単なる禅宗方丈とは異なった趣を持っているという。

南禅寺方丈全景

南禅寺方丈縁側

蓮華王院本堂 / れんげおういんほんどう（三十三間堂）　　　　　　　　　東山区東山七条

正面35間、側面5間、一重、入母屋造、向拝7間、本瓦葺（1266年）

妙法院庫裏 / みょうほういんくり　　　　　　　　　　　　　　　　　東山区妙法院前側町

正面23.68m、側面21.75m、一重、入母屋造、妻入、玄関1間、唐破風造、本瓦葺、北面庇を含む（1604年）

正面111.21m、側面16.44mの長い長い本堂には沢山の仏像がぎっしり並んで立っているのに驚かされる。現在の建物は鎌倉時代に再建されたもので大仏様なども取り入れられ、当時の最新技術が採用されているという。北風による風化を防ぐためか、北側の柱には半周鉄板が取り付けられているが、錆が出ていて見苦しい。木材の耐久性を信じて取り外せないものだろうか。妙法院庫裏は梁行23.68m、桁行21.75mの大規模な建物で、重厚で豪快な建物である。その内部は相当暗いが、雄大な木組が撮れるかどうか試みてみた。

蓮華王院本堂全景

蓮華王院本堂：扇の配列

蓮華王院本堂向拝

蓮華王院本堂：鉄板がはめられた柱。なぜ、金具をあてたのだろうか？北風から柱を守るためか。

妙法院庫裏全景

妙法院庫裏木組

清水寺本堂 / きよみずでらほんどう　　　　　　　　　　　　　　　　　東山区清水

　本宇正面9間、側面7間、一重、寄棟造、東西北に裳階付き、正面両翼廊及び庇、舞台造、西面翼廊付、総檜皮葺（1633年）

「清水の舞台から飛び降りたつもりで云々」とは一大決心を示す言いぐさであるが、巨大な舞台造りはよく知られるところである。創建以来何度も火災に遭い、現代の建物は江戸時代初期に建てられたが、古い時代の形態を踏襲した復古調和様建築であるという。

清水寺本堂全景

清水寺舞台造木組

豊国神社唐門／とよくにじんじゃからもん

東山区大和大路通正面茶屋町

四脚門、前後唐破風造、側面入母屋、檜皮葺（17世紀初め）

豊臣秀吉ゆかりの唐門で絢爛豪華な桃山風建築であるが、東照宮の唐門に比べると、ずっと落ち着いた雰囲気がただよう。西本願寺、大徳寺の唐門とともに京の三唐門の一つとされている。

豊国神社唐門全景

豊国神社唐門側面

東福寺三門 / とうふくじさんもん　　　　　　　　　　　東山区本町

五間三戸二階二重門、入母屋造、本瓦葺、両山廊付、各切妻造、本瓦葺（15世紀）

　智恩院、南禅寺、円覚寺など大きな三門が幾つかあるが、国宝に指定されているのはこの三門のみである。この門は現存する最古で最大の禅宗寺院の三門で、禅宗の建築であるが大仏様を取り入れた、力強い構造美を持っているといえる。

東福寺三門正面全景

東福寺三門列柱

龍吟庵方丈 / りょうぎんあんほうじょう　　　　東山区本町

正面 16.5 m、側面 12.9 m、一重、入母屋造、柿葺（14世紀末〜15世紀初め）

　公開日が11月に限定されているが、撮影は禁止されていない。禅宗寺院方丈の最古の遺構として貴重であるという。すばらしい中杢の縁板が印象的であった。

龍吟庵方丈廊下

龍吟庵方丈全景

京都府

醍醐寺五重塔 / だいごじごじゅうのとう　　　　　　　　　　　　　　　　　伏見区醍醐東大路町

　三間五重塔婆、本瓦葺（951年）

醍醐寺金堂 / こんどう

　正面7間、側面5間、一重、入母屋造、本瓦葺（12世紀後半）

醍醐寺薬師堂 / やくしどう

　正面5間、側面4間、一重、入母屋造、檜皮葺（1121年）

醍醐寺清瀧宮拝殿 / せいりょうぐうはいでん

　懸造、正面3間、側面7間、一重、入母屋造、妻入、向拝3間、軒唐破風付、檜皮葺（1434年）

　薬師堂、清瀧宮拝殿は奥の院に建てられていて、山麓の境内から奥の院まではかなり急な山道を登ることになる。ちょうど居合わせた一団の山伏姿を交えた参拝者が六根清浄を唱え登っていくので、それに歩調を合わせると比較的楽に登ることができた。約1時間を要した。1998年の台風7号により、参道周辺の高樹齢の樹木がたくさん倒されていた。その後訪れた室生寺、金峯山寺、高野山などのほか、吉野の林業地帯にもその傷跡が痛々しく、この台風の被害の大きさに驚かされた。五重塔は総高38ｍ、京都では現存する最古の建物という。金堂は桃山時代の再建にあたり和歌山県の満願寺から移築したものであるという。薬師堂は上醍醐の険しい地形のところに建っていて、そのような立地に建つ密教系寺院の姿を知る上で貴重な建築であるという。清瀧宮拝殿は急峻な崖地に建つ懸造の建物で全体的に簡素な建物である。

醍醐寺五重塔正面

京都府

醍醐寺五重塔初層

醍醐寺金堂全景

京都府

醍醐寺金堂木組

醍醐寺薬師堂正面

醍醐寺薬師堂

京都府　醍醐寺清瀧宮拝殿

――――醍醐寺清瀧宮拝殿屋根

醍醐寺清瀧宮拝殿向拝

三宝院表書院 / さんぼういんおもてしょいん　　　　　　　　　　伏見区醍醐東大路町

　正面12間、側面5間、四面入側、中門廊、車寄せより成る、一重、入母屋造、中門廊切妻造、桟瓦葺、西面車寄、唐破風造、檜皮葺（1598年）、撮影禁止

三宝院唐門 / からもん

　三間一戸平唐門、檜皮葺（1599年）

書院は内部の撮影が禁止されているので、車寄以外は撮影できない。しかし唐門は自由に撮影できる。中央の二つの扉に桐、その両側に菊紋を大きくあしらっているのが印象的である。

三宝院表書院西面車寄

三宝院唐門正面

三宝院唐門側面

三宝院唐門扉

法界寺阿弥陀堂 /ほうかいじあみだどう

伏見区日野西大道町

正面5間、側面5間、一重裳階付、宝形造、檜皮葺（1226年）

建物は方5間の身舎の周りに一間の裳階が取り囲み、それが吹放ちのため、奥行きのある落ち着いた外観の建物となっている。

法界寺阿弥陀堂正面

法界寺阿弥陀堂

宇治上神社本殿/うじがみじんじゃほんでん　　　　　　　　　　　　　宇治市宇治山田

　正面5間、側面3間、一重、流造、檜皮葺、内殿三社、各一間社流造

宇治上神社拝殿/はいでん

　正面6間、側面3間、一重、切妻造、両妻一間通り庇付、向拝1間、檜皮葺（11〜12世紀）

　式年造替が行われてきた神社の建物は比較的新しく建て替えられたものが多いが、この本殿、拝殿は国宝神社建築の中では造替後一番長年月を経た建物である。本殿は横に三つ並んだ内殿に覆屋をかけたもので、三つの内殿、覆屋とも特殊な構造の神社建築であるという。拝殿は全体に高さが低くおさえられ、横長で、軽快で優美な建物となっている。

宇治上神社本殿正面

宇治上神社本殿側面

宇治上神社拝殿正面

宇治上神社拝殿向拝

平等院鳳凰堂 / びょうどういんほうおうどう

宇治市宇治蓮華

中堂；正面（桁行）3間、側面（梁間）2間、一重裳階付、入母屋造、本瓦葺
両翼廊；各折曲延長（桁行）8間、梁間1間、廊一重二階、切妻造、隅廊二重三階、宝形造、本瓦葺
尾廊；側面（桁行）7間、背面（梁間）1間、一重、切妻造、本瓦葺（1053年）

藤原頼道が極楽浄土の創造をこの世に求めて建立したものである。比較的小さな堂に廊を付けて広がりを持たせた全く新しい形式の阿弥陀堂である。堂内も極楽浄土にふさわしく、極彩色の華麗な空間を造りだしている。国宝建築の中でどれが一番美しいかといえば、それぞれ好みもあり意見の分かれるところであろうが、そんな中でもこの建物はその最右翼であることに間違いない。建物の形、木組など見飽きることはない。

平等院鳳凰堂正面全景

平等院鳳凰堂中堂木組

京都府

143

平等院鳳凰堂翼廊及び尾廊

平等院鳳凰堂翼廊

浄瑠璃寺本堂/じょうるりじほんどう（**九体寺本堂**）　　　　　　　　　　　　　相楽郡加茂町

　正面11間、側面4間、一重、寄棟造、向拝1間、本瓦葺（1107年）

浄瑠璃寺三重塔/さんじゅうのとう（**九体寺三重塔**）

　三間三重塔婆、檜皮葺（12世紀）

　本堂には本尊と両側に4体づつ都合9体の仏像が安置されていて、九体堂ともいう。現存する唯一の九体阿弥陀堂であるという。拝観の際好都合にも住職の話を聞くことができたが、それによると、本堂と三重塔は池を挟んで丁度東西の線状に建てられていて、お彼岸には三重塔の上からの光が、本堂の中央の戸の透き間から丁度本尊の顔に当たるように建てられているという。三重塔は総高16mと小規模である。

浄瑠璃寺本堂全景　京都府

浄瑠璃寺本堂向拝

浄瑠璃寺三重塔

浄瑠璃寺三重塔初層　京都府

海住山寺五重塔/かいじゅうせんじごじゅうのとう　　　　　　　　　　　　相楽郡加茂町

　三間五重塔婆、本瓦葺、初重裳階付、裳階銅板葺（1214年）

　地図を見た限りではとうてい自動車で行けそうもなく、かなりの距離を歩くことを覚悟していたが、細い道ではあるが何とか境内まで車でたどり着くことができた。総高17.7ｍ、日本の国宝五重塔では小塔を除き2番目に小さい。撮影時にも美しい五重塔だと思ったが、写真を見てその美しさに驚いた。写真写りがよいのである。

海住山寺五重塔全景

海住山寺五重塔、裳階、初層、二層

光明寺二王門 /こうみょうじにおうもん

綾部市睦寄町

三間一戸二重門、入母屋造、栩葺（1248年）

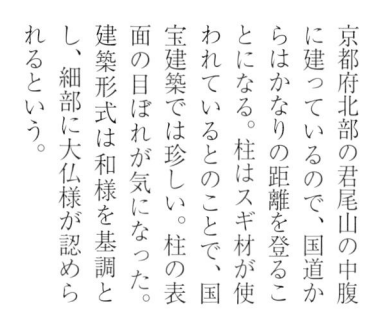

京都府北部の君尾山の中腹に建っているので、国道からはかなりの距離を登ることになる。柱はスギ材が使われているとのことで、国宝建築では珍しい。柱の表面の目ぼれが気になった。建築形式は和様を基調とし、細部に大仏様が認められるという。

光明寺二王門正面

妙喜庵茶室/みょうきあんちゃしつ（待庵/たいあん） 乙訓郡大山崎町

茶室2畳、次の間1畳板畳付、勝手の間より成る、一重、切妻造、杮葺、土間　庇付（16世紀）

JR大山崎駅の真前に生け垣に囲まれて一連の建物が建っている。見学のためには一ヶ月前に予約が必要である。予約していない見学者のために、町の歴史資料館では実大の茶室のレプリカを展示していて、便宜を図ってくれている。資料館の係員の話では実物の撮影は禁止されているとのことである。やむなく生け垣の間からわずかに見える茶室の屋根のほんの一部を撮影した。茶室は利休が築いた極小の空間であるという。

中央のほんのちょっぴり見える切妻が、茶室である

奈良県

室生寺五重塔／むろうじごじゅうのとう　　　　　　　　　　　　　　　　　宇陀郡室生村

　三間五重塔婆、檜皮葺（9世紀前半）

室生寺金堂／こんどう

　正面5間、側面5間、一重、寄棟造、正面一間通り縋破風付葺下し、杮葺（867年頃）

室生寺本堂／ほんどう（灌頂堂／かんじょうどう）

　正面5間、側面5間、一重、入母屋造、檜皮葺（1308年）

高野山は女人禁制であったが、室生寺は女人の入山を許していたため、女人高野の別名がある。境内にはシャクナゲが咲き誇っていたが、その前で中年の女性が花には勝てないけれどといって写真を撮ってもらっていた。建物も境内も女性を受け入れる雰囲気が漂っているように思われた。日本で一番美しいことで知られる五重塔は、1998年の7号台風により、周りのスギの古木が倒れて大きく壊されてしまい修理中であった。倒れて五重塔を壊したスギ古木の板切れが500円で売られていたが、五重塔の一日も早い復興を願って買った。金堂は中世仏堂の初期の形式を伝えており、また柱、梁、組物などにはスギ材が使われていて大変珍しいという。本堂は和様に大仏様が混在した建物で、柱はスギとケヤキ、板壁はヒノキで造られ、槍鉋あるいは手斧の仕上げあとが歴然としている。

室生寺金堂全景

室生寺金堂屋根、柿葺きが美しい

奈良県

室生寺金堂木組：柱や壁板にはカビが一面に生えている

室生寺本堂正面

室生寺本側面

奈良県

修理工事中の室生寺五重塔

宇太水分神社本殿/うだみくまりじんじゃほんでん　　　　　　　　　　　宇陀郡菟田野町

　3棟各；1間社、隅木入春日造、檜皮葺（1320年）

　水分とは水配りを意味する言葉で、水の神である。建物の正面両端を見上げたとき柱筋から45度の角度に隅木がはいる形式を隅木入りといい、本殿はこの隅木の入った春日造としては最も古い社殿で、水分系神社の原形を示しているという。

宇太水分神社本殿全景

宇太水分神社本殿側面

奈良県

海龍王寺五重小塔 / かいりゅうおうじごじゅうのしょうとう 　　　　　奈良市法華寺町

三間五重塔婆、本瓦形板葺、総高 4.01 m（8 世紀前半）

土塀は相当痛みがひどく、境内は草蒸しているが、建物はよく手入れされていて、古寺の風貌躍如たるものがある。小さな五重小塔はそんな建物の一つ西金堂に安置されている。そのため屋外の建築では取り替えを必要とする軒回りがよく保存されていて、天平建築の雛形となるものである。

海龍王寺五重小塔正面

海龍王寺五重小塔初、二層

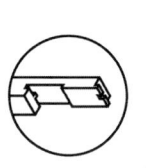

秋篠寺本堂 /あきしのでらほんどう　　　　　　　　　　　　　　　　　　　　奈良市秋篠町

　　正面5間、側面4間、一重、寄棟造、本瓦葺（13世紀前半）

　境内にはいると苔むした雑木林を抜けるが、そこが1135年に焼失した東塔跡だという。礎石が点在している。本堂は古代の建築法を踏襲した和様の簡素な構成になっている。

秋篠寺本堂正面

秋篠寺本堂側面

元興寺極楽坊五重小塔 / がんごうじごくらくぼうごじゅうのしょうとう　　　　　　　　奈良市中院町

　三間五重塔婆、本瓦形板葺、高さ5.5ｍ（8世紀後半）撮影禁止

元興寺極楽坊本堂 / ほんどう

　正面6間、側面6間、一重、寄棟造、妻入、正面一間通り庇付、本瓦葺、閼伽棚（あかだな）を含む（1244年）

元興寺極楽坊禅室 / ぜんしつ

　正面4間、側面4間、一重、切妻造、本瓦葺（13世紀前半）

五重小塔は、海龍王寺五重小塔と並び天平時代に造られた模型的な塔の一つである。また本堂と禅室はもともと僧坊であった建物の一部が念仏道場に変わり、それが本堂になり、また従来の僧坊は禅室として残った。これが本堂と禅室の由来である。本堂は内陣が四方解放された大衆的な道場である。

元興寺極楽坊本堂正面

元興寺極楽坊本堂通り庇

元興寺極楽坊禅室正面

元興寺極楽坊禅室正面

新薬師寺本堂/しんやくしじほんどう　　　　　　　　　　　奈良市高畑福井町

正面7間、側面5間、一重、入母屋造、本瓦葺（8世紀後半）

　　屋根たる木が2段になっていて一段目のたる木（地だる木）に円材、もう一段のたる木（飛檐たる木）に角材を用い、これを地円飛角の構成と呼ぶのだそうだが、古代建築の正統的手法であるという。この構成の本堂は奈良時代の建築技法、形式をよく伝えているという。

新薬師寺本堂正面

新薬師寺本堂垂木：下段は丸太、上段は角材が使われている

十輪院本堂 /じゅうりんいんほんどう

奈良市十輪院町

正面5間、側面4間、一重、寄棟造、本瓦葺（13世紀）

十輪院は古い市街地に周りを囲まれた狭い境内に建つ小さな建物である。丸柱と角柱が使い分けられていたり、厚板で軒を支えてたる木がなく、正面は広縁になっているなど、軽快さと清楚さが醸し出された住宅風仏堂である。

十輪院本堂正面

十輪院本堂側面

十輪院本堂木組、垂木がないのが特徴

円成寺春日堂・白山堂 /えんじょうじかすがどう・はくさんどう

奈良市忍辱山町

各棟；1間社春日造、檜皮葺（12世紀末）

小さくむしろ可愛い感じの2つのお堂が並んで建っていて、大きな国宝建築物を見てきた後では、これがどうして国宝なのかと驚かされる。正面向かって左が春日堂、右が白山堂である。両堂ともに最古の春日造の社殿であるという。

円成寺春日堂・白山堂全景

円成寺春日堂・白山堂側面

般若寺楼門/はんにゃじろうもん　　　　　　　　　　　　　　　　奈良市般若寺町

　一間一戸楼門、入母屋造、本瓦葺（13世紀後半）

　楼門は通常三間一戸であるがこの楼門は一間一戸という珍しい形式である。また、二階は軒裏に複雑で個性的な組物を使い、雄大に軒を反り上げている。あくまでも個性的というのがこの門に対する評価である。

般若寺楼門正面

般若寺楼門木組

奈良県

興福寺東金堂/こうふくじとうこんどう 奈良市登大路町

正面7間、側面4間、一重、寄棟造、本瓦葺（1415年）

興福寺五重塔/ごじゅうのとう

三間五重塔婆、本瓦葺（1426年）

興福寺三重塔/さんじゅうのとう

三間三重塔婆、本瓦葺（12世紀）

興福寺北円堂/ほくえんどう

八角円堂、本瓦葺（1210年）

大きな境内を持つ寺院が多い奈良でも興福寺は屈指の広さを持っているといえよう。中学生時代の修学旅行では奈良駅から猿沢の池を通って、先ず興福寺に足を踏み入れたのを思い出す。興福寺は創建後数度の雷火や兵火により焼失したが、再建が繰り返され、再建に際しては創建時の姿を忠実に再現しているのが大きな特徴であるという。東金堂も古代創建時の形をよく踏襲しているという。五重塔は総高約50mあり東寺の五重塔に次ぐ第二の巨塔である。この塔も古代様式をまもり、純粋な和様でまとめられているという。三重塔は創建時の平安様式の塔で、全体に繊細である。北円堂は八角円堂で、国宝としては5例があり、その中の1つである。軒はたる木が3段にでる珍しい形式をとっている。

興福寺東金堂正面

興福寺東金堂

興福寺五重塔全景

興福寺五重塔初層木組

興福寺三重塔全景

奈良県

興福寺三重塔初層

興福寺北円堂全景

興福寺北円堂木組

春日大社本社本殿 /かすがたいしゃほんしゃほんでん　　　　　　　　奈良市春日野町

4殿各棟；1間社春日造、檜皮葺、各殿間及び両脇塀付属（1863年）撮影禁止

本殿は回廊で囲まれていて、ほんのわずか垣間見ることができる程度である。後ろに廻ると屋根のかなりの部分を見ることができる。

国宝の春日大社本社本殿はこの建物の奥におさめられていて、奥には入れない。

春日大社本社本殿背面：高い塀越しに垣間見ることができる

東大寺金堂 /とうだいじこんどう（大仏殿）　　　　　　　　　　　　　　　　　奈良市雑司長

　　正面5間、側面5間、一重裳階付、寄棟造、本瓦葺、正面唐破風付、銅板葺（1709年）

東大寺法華堂 /ほっけどう（三月堂）

　　正面5間、側面8間、前部入母屋造、後部寄棟造、本瓦葺、閼伽棚(あかだな)を含む
　　正堂；(8世紀前半)、礼堂（12世紀末～13世紀）

東大寺南大門 /なんだいもん

　　五間三戸二重門、入母屋造、本瓦葺（1199年）

東大寺開山堂 /かいさんどう

　　正面3間、側面3間、一重、宝形造、本瓦葺（1250年）、内陣（1200年）

東大寺鐘楼 /しゅろう

　　正面1間、側面1間、一重、入母屋造、本瓦葺（1206～10年）

東大寺転害門 / てがいもん

　三間一戸八脚門、切妻造、本瓦葺（8世紀）

東大寺本坊経庫 / ほんぼうきょうこ

　正面3間、側面2間、校倉、寄棟造、本瓦葺（8世紀、1714年移築）非公開

正倉院正倉 / しょうそういんしょうそう

　正面32.84ｍ、側面9.23ｍ、床下の高さ約2.5ｍ、校倉造、寄棟造、本瓦葺（8世紀）

　東大寺の金堂は752年の大仏開眼（だいぶつかいげん）時創建されたが、1180年焼失、1195年再建、1567年焼失、1709年再建といった経過を経て現在に及んでいる。焼失はすべて戦火によるもので、東大寺が如何に時の権力と関係深かったかが伺われる。大きな金堂、大きな南大門、大きな鐘楼、大きな正倉院正倉等大きいことが東大寺の特徴のようでもあるが、法華堂、開山堂、転害門等こじんまりしていて優れたものも多い。現在の金堂は江戸期に集成材方式を採用して建てられている。現今、大建築物を建てるには集成材方式が常識となっているが、金堂はその最初の例といえる。法華堂は2堂を合体した仏堂であること、奈良朝には珍しい板敷きのお堂であること、また本格的な大仏様であることなどがその特徴である。南大門は宋の様式を改良し日本的な技巧も加味した建物である。開山堂は重源の東大寺再建にかかる遺構として南大門とともに現存する2例の内の一つで、重源の技法を伝える小堂である。鐘楼の建築様式は、大仏様から禅宗様に至る中間に位置する新様式で、日本人工匠が創出した新機軸であるという。転害門は東大寺天平創建時の姿を留める数少ない遺構の一つである。宮大工の西岡棟梁の跡を継いだ小川棟梁は、仕事に行き詰まるとここにやって来るという。天平大工の心意気が伝わってきて気持ちが引き立つからだという。正倉院正倉は宮内庁が管理していて、土・日・祭日は見学できない。正倉院正倉は現存唯一の双倉形式で、左右は校倉、中央は板倉の三倉造である。校倉造は気候の変化に応じ木が収縮膨張しても、部材と部材の間に隙間ができないようになっていて、常に内部の湿度をほぼ一定に保つことができるのが特徴である。

東大寺金堂正面

東大寺金堂木組

東大寺金堂合せ柱と木組

東大寺金堂合せ柱：中央の芯柱のまわりに角材が合されていて、金輪や鋲でとめられている

奈良県

東大寺法華堂：右端に閼伽棚が付いている

奈良県

東大寺法華堂：二つの建物が合体されたため基礎の他、瓦や垂木の並びが段違いになっている

東大寺南大門正面：俊乗坊重源上人が鎌倉時代に再建した建物の一つである

東大寺南大門木組

東大寺開山堂

東大寺開山堂

東大寺鐘楼正面

東大寺鐘楼木組

奈良県

東大寺転害門正面。天平時代の建物で、東大寺では一番古い建物の一つ

東大寺転害門正面の4本の柱：手前の柱の節がなんとも印象的

正倉院正倉正面　奈良県

正倉院正倉正面：板倉

正倉院正倉：校倉木組

正倉院正倉高床

薬師寺東塔 / やくしじとうとう　　　　　　　　　　　　　　　　　　　奈良市西ノ京町

　三間三重塔婆（初重裳階正面5間、側面5間）、各重裳階付、本瓦葺（730年）

薬師寺東院堂 / とういんどう

　正面7間、側面4間、一重、入母屋造、本瓦葺（1285年）

　新しく再建された本堂や西塔は何ともきらびやかであるが、国宝に指定されている東塔と東院堂にはそのような趣はもうない。これら新旧の建物がえもいわれぬ対照をなしている。

薬師寺東塔全景

薬師寺東塔木組：当初からの部材だろうか、かなり腐朽が進んでいそうであるががんばっている

奈良県

薬師寺東院堂全景

薬師寺東院堂木組

唐招提寺金堂/とうしょうだいじこんどう　　　　　　　　　　　奈良市五条町

　正面7間、側面4間、一重、寄棟造、本瓦葺（8世紀後半）

唐招提寺講堂/こうどう

　正面9間、側面4間、一重、入母屋造、本瓦葺（8世紀後半）

唐招提寺鼓楼/ころう

　正面3間、側面2間、楼造、入母屋造、本瓦葺（1240年）

唐招提寺経蔵・宝蔵/きょうぞう・ほうぞう

　各；正面3間、側面3間、校倉、寄棟造、本瓦葺（8世紀）

境内には8世紀創建の建物が3つもあり、如何にも古代の面影を色濃く残している。金堂は正面の列柱や吹き放ちとなっている一間通りからもわかるように正しく壮大な木の建築物であることを示している。講堂は平城宮から移築されたもので、平城宮唯一の忘れ形見だという。鼓楼は楼造りの最も基本となる姿を残していて、中世新和様建築の代表作であるといわれている。経蔵・宝蔵はかず少ない校倉の典型であるといえる。

唐招提寺金堂正面

唐招提寺金堂列柱

唐招提寺講堂全景

唐招提寺講堂正面

奈良県

唐招提寺鼓楼全景：
左後方は講堂

奈良県

唐招提寺鼓楼木組

唐招提寺経蔵(右)と宝蔵

唐招提寺経蔵校倉

奈良県

192

唐招提寺宝蔵高床

唐招提寺宝蔵：床梁の端部の風化、雨除けが付けられている

当麻寺本堂／たいまでらほんどう（曼荼羅堂／まんだらどう）　　　北葛城郡當麻町

　正面7間、側面6間、一重、寄棟造、本瓦葺、閼伽棚(あかだな)を含む（1161年）

当麻寺東塔／とうとう

　三間三重塔婆、本瓦葺（8世紀）

当麻寺西塔／さいとう

　三間三重塔婆、本瓦葺（8世紀後半）

　本堂は平安時代末の建立であるが、材料は奈良時代の建物の古材が転用されていて、古い材料の建物といえる。西塔は東塔よりやや遅れて建てられたようであるが、何れも古代の塔で、二つが揃って現存するのはここだけである。

当麻寺本堂正面

当麻寺本堂外陣木組

当麻寺西塔（手前）と東塔

当麻寺西塔木組

当麻寺西塔：柱はケヤキ？

当麻寺東塔全景

当麻寺東塔木組

当麻寺東塔柱

奈良県

霊山寺本堂 /りょうぜんじほんどう   奈良市中町

正面5間、側面6間、一重、入母屋造、向拝1間、本瓦葺（1283年）

和様建築の伝統をよく伝える中世前期を代表する本堂建築とされている。

霊山寺本堂正面

霊山寺本堂外陣　奈良県

長弓寺本堂/ちょうきゅうじほんどう　　　　　　　　　　　　　　　生駒市上町

　　正面5間、側面6間、一重、入母屋造、向拝1間、檜皮葺（1279年）

鎌倉期の工匠の新しい造形が見られるという中世前期を代表する和様の本堂建築である。

長弓寺本堂正面

長弓寺本堂木組

法起寺三重塔 /ほうきじさんじゅうのとう

生駒郡斑鳩町法隆寺北

三間三重塔婆、本瓦葺（706年）

三重塔では現存する最古の塔で、法隆寺の五重塔とはやや遅れた時代の塔と考えられているが、建築様式が全く瓜二つであることが一見してわかる。

法起寺三重塔全景

法起寺三重塔二層木組

法隆寺 / ほうりゅうじ　　　　　　　　　　　　　　　生駒郡斑鳩町法隆寺山内

◎西院伽藍 / さいいんがらん

法隆寺金堂 / ほうりゅうじこんどう
　正面5間、側面4間、二重、初重裳階付、入母屋造、本瓦葺、裳階板葺（7世紀後半）

法隆寺五重塔 / ごじゅうのとう
　三間五重塔婆、初重裳階付、本瓦葺、裳階板葺（7世紀後半〜8世紀初め）

法隆寺回廊 / かいろう
　東回廊；折曲り延長42間、西回廊；折曲り延長40間、各；一重、本瓦葺（8世紀前半）

法隆寺中門 / ちゅうもん
　正面4間二戸二重門、側面3間、入母屋造、本瓦葺（7世紀末〜8世紀初め）

法隆寺聖霊院 / しょうりょういん
　正面5間、側面6間、一重、切妻造、妻入、本瓦葺、正面1間通り庇付、向拝1間、檜皮葺（1284年）

法隆寺東室 / ひがしむろ
　正面12間、側面4間、一重、切妻造、本瓦葺（7世紀）

法隆寺三経院及び西室 / さんぎょういんおよびにしむろ

正面5間、側面19間、背面4間、一重、切妻造、妻入、本瓦葺、正面1間通り庇付、向拝1間、檜皮葺（1231年）

法隆寺食堂／じきどう

正面7間、側面4間、一重、切妻造、本瓦葺（8世紀）

法隆寺西円堂／さいえんどう

八角円堂、一重、本瓦葺（1250年）

法隆寺東大門／とうだいもん

三間一戸八脚門、切妻造、本瓦葺（8世紀）

法隆寺鐘楼／しゅろう

正面3間、側面2間、楼造、切妻造、本瓦葺（11世紀）

法隆寺経蔵／きょうぞう

正面3間、側面2間、楼造、切妻造、本瓦葺（8世紀前半）

法隆寺南大門／なんだいもん

三間一戸八脚門、入母屋造、本瓦葺（1438年）

法隆寺綱封蔵／こうふうぞう

正面9間、側面3間、一重、高床、寄棟造、本瓦葺（9世紀）

法隆寺大講堂／だいこうどう

正面9間、側面4間、一重、入母屋造、本瓦葺（990年）

◎**東院伽藍**／とういんがらん

法隆寺東院夢殿／ゆめどの

八角円堂、一重、本瓦葺（739、1230年改造）

法隆寺東院伝法堂／でんぽうどう

正面7間、側面4間、一重、切妻造、本瓦葺（8世紀）

法隆寺東院鐘楼／しゅろう

正面3間、側面2間、袴腰付、入母屋造、本瓦葺（1163年）

境内には7世紀から8世紀にかけての建物が10もあり、法隆寺は間違いなく日本が世界に誇れる文化財である。外国人の教師に引率された日本の数十人の大学生が、それぞれの建物の前で車座になり、代表者が建物の曰くに係わる研究の成果を報告していた。1949年壁画複写中であった金堂が出火炎上したのは今でも耳新しく思い出されるが、そのため初層は新しく造り替えられたものだという。

法隆寺南大門正面

奈良県

法隆寺南大門木組

法隆寺中門と五重塔

法隆寺中門木組

奈良県

奈良県

法隆寺中門内側の柱

法隆寺聖霊院全景

法隆寺聖霊院庇

奈良県

法隆寺東室全景

法隆寺綱封蔵全景

法隆寺綱封蔵高床

法隆寺綱封蔵中央部木組　奈良県

法隆寺食堂全景

法隆寺食堂

法隆寺三経院及び西室（後方の途中から西室になる）

法隆寺西室入口の門　奈良県

法隆寺西円堂

法隆寺西円堂正面木組

法隆寺金堂正面

法隆寺金堂木組；龍の彫刻の支柱は鎌倉時代の修理の際、補強のため取り付けられたという。

法隆寺五重塔初層及び二層

奈良県

法隆寺五重塔正面

法隆寺大講堂正面

法隆寺大講堂　奈良県

法隆寺鐘楼正面

法隆寺鐘楼

法隆寺経蔵正面

法隆寺経蔵

法隆寺回廊

奈良県

法隆寺回廊連子格子：天平時代に作られた当初の格子の太さは一本一本まちまちであるが、鎌倉時代に修理されたものは太さが一定になっているという

法隆寺東大門

法隆寺東大門　奈良県

法隆寺東院夢殿全景

法隆寺東院夢殿正面

法隆寺東院鐘楼

法隆寺東院鐘楼木組　奈良県

法隆寺東院伝法堂正面

法隆寺東院伝法堂側面

石上神宮拝殿 /いそのかみじんぐうはいでん　　　　　　　　　　　　　　　　天理市布留町

　正面7間、側面4間、一重、入母屋造、向拝1間、檜皮葺（13世紀）

石上神宮摂社出雲建雄神社拝殿 /せっしゃいずもたけおじんじゃはいでん

　正面5間、側面1間、一重、切妻造、中央通路唐破風造、檜皮葺（13世紀）

　古い拝殿は一般に住宅風の軽快な建物であるが、この拝殿は堂々とした仏殿風の外観をしている。その理由は1913年まで本殿を持たなかったことによるという。建物は鎌倉時代前期に大仏様の影響を受けて建てられている。摂社出雲建雄神社拝殿は、永久寺が廃仏毀釈で廃寺となったとき、その鎮守社拝殿を移築したものである。中央部に馬道（通路）を持つ軽快な割拝殿である。

石上神宮拝殿正面

石上神宮拝殿向拝

石上神宮摂社出雲建雄神社拝殿

石上神宮摂社
出雲建雄神社拝殿馬道

金峯山寺二王門 /きんぷせんじにおうもん　　　　　　　　　吉野郡吉野町吉野山

三間一戸二重門、入母屋造、本瓦葺（1357年）

金峯山寺本堂 /ほんどう

正面5間、側面6間、一重裳階付、入母屋造、檜皮葺（1591年）

本堂は東大寺の金堂に次いで二番目に大きい建物であるという。径1m、長さ9mを超える柱が林立している。それらの柱があまり表面を調えぬ丸太のままで使われており、途中で曲がったままのものも何本か見られた。柱にはツツジだとか、神代スギといった表示がしてあり、いささか気になるが、スギ材を主体にケヤキ材やナシ材など沢山の樹種が柱として使われていることは確かである。二王門は二重に屋根を持つ二重門形式で、例が少なく、その代表的な建築であるという。

金峯山寺二王門背面全景

金峯山寺二王門正面

金峯山寺本堂全景。東大寺の金堂に次いで二番目に大きい国宝建築といわれている。

奈良県

金峯山寺本堂正面柱列

奈良県

栄山寺八角堂 / えいざんじはっかくどう　　　　　　　　　　　　　五條市小島

八角円堂、一重、本瓦葺（8世紀後半）

　　国宝建築では5例ある八角円堂の一つで、奈良時代建築の風格を今に伝えている。

栄山寺八角堂全景

奈良県

栄山寺八角堂木組

大阪府

観心寺金堂 / かんしんじこんどう　　　　　　　　　　　　河内長野市寺元

　正面7間、側面7間、一重、入母屋造、向拝3間、本瓦葺（1346～70年）

　楠木正茂ゆかりのお寺である。正茂の寄進により五重塔を建設し始めたが、正茂が戦死したため建築が中止され、初層のみの建物が本堂脇に残っている。本堂は和様建築に大仏様、禅宗様の細部を巧みに取り入れた傑作とされている。

観心寺金堂正面全景

観心寺金堂向拝

孝恩寺観音堂 /こうおんじかんのんどう　　　　　　　　　　　　　　　　　貝塚市木積

正面5間、側面5間、一重、寄棟造、行基葺（14世紀初め）

　周辺道路が入り組んでいて探し当てるのに時間がかかった。狭い境内に何となく取り残されたと言った趣の観音堂である。事実、1585年、当時この地は根来寺の支配下にあったため豊臣秀吉の根来攻めの折兵火にかかり観音堂のみが残ったという。素朴な意匠と力強い行基葺の建物である。通称木積の釘無堂として知られている。

孝恩寺観音堂正面

孝恩寺観音堂側面

慈眼院多宝塔 / じげんいんたほうとう　　　泉佐野市日根野

三間多宝塔、檜皮葺（1271年）

拝観のためには予約を必要とするが、突然訪れたにも係わらず、居合わせた住職はこころよく境内に案内してくださった。中庭といった雰囲気の境内に、繊細で優美な多宝塔は建っていた。

慈眼院多宝塔全景

慈眼院多宝塔上層木組

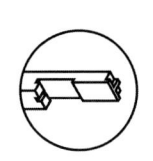

桜井神社拝殿／さくらいじんじゃはいでん　　　　　　　　　　　　堺市片蔵

正面5間、側面3間、一重、切妻造、本瓦葺（13世紀）

古くからの神社の建物は1577年の織田信長による根来寺征伐の際、兵火にかかり、本殿とこの拝殿を残して灰燼に帰した。拝殿は横長で、中央の一間を馬道と呼ばれる通路が通っている割拝殿である。外見は丹塗りになっているため、さほど古く感じないが、馬道をみるとその年代の古さがわかる。また天井を張らず、簡潔な構造の建物であることもわかる。

桜井神社拝殿正面全景

桜井神社拝殿：馬道

住吉大社本殿 / すみよしたいしゃほんでん

大阪市住吉区住吉

4棟各棟；正面2間、側面4間、住吉造、檜皮葺（1810年）

本殿4棟が拝殿を伴って別々に建っていて、参拝者は順番に参拝してまわっていく。賽銭はどんな配分にするのだろうか。参拝者はひきをきらず、さすがは大都市大阪の大神社であると感心させられた。伊勢神宮が20年毎に建て替えられることはよく知られているが、これを式年造替制といっている。この本殿もその例にもれず、そのため建立年代は国宝建築物としては最も新しい。

住吉大社第二殿

住吉大社第三殿、第四殿（手前）

兵庫県

一乗寺三重塔/いちじょうじさんじゅうのとう　　　　　　　　　　　　加西市坂本町

　三間三重塔婆、本瓦葺（1171年）

　播磨有数の古刹だけに古い建物が多いが、その中でも三重塔が一番古い。またこの塔は、古代から伝承してきた和様の建築技術を知るための基準となる貴重な遺構とされている。この後1180年に東大寺復興のため大仏様（天竺様）が開発され、続いて13世紀初頭には禅宗の伽藍建築様式である唐様（禅宗様）が中国から伝来したからである。

一乗寺三重塔全景

一乗寺三重塔初層

兵庫県

鶴林寺本堂 / かくりんじ　　　　　　　　　　　　　　　　　　　加古川市加古川町

　正面7間、側面6間、一重、入母屋造、本瓦葺（1397年）

鶴林寺太子堂 / たいしどう

　正面3間、側面3間、正面一間通り庇付、一重、宝形造、庇葺き下ろし、檜皮葺（1112年）

　「刀田（とた）の太子さん」と呼ばれ庶民の信仰あつく、「播磨の法隆寺」と呼ばれ多くの文化財を持っている。とりわけ太子堂は県下最古の木造建築である。本堂は大仏様の豪壮さと禅宗様の装飾性を大胆に取り入れた折衷様仏殿の代表作といわれている。これに対し太子堂は完全な和様で、建具を蔀戸（しとみど）とするなど住宅風建築で両者の対比が興味深い。

鶴林寺本堂全景

鶴林寺本堂。正面、側面とも同じ扉がはまっている

鶴林寺本堂外陣木組

鶴林寺太子堂全景

浄土寺浄土堂/じょうどじじょうどどう（阿弥陀堂）　　　　　　　　　小野市浄谷町

　正面3間、側面3間、一重、宝形造、本瓦葺（1194年）

　東大寺を再建した俊乗坊重源上人は多くのお寺を建立したことで有名であるが、今ではそのほとんどの建物が失われ、この建物は、今に残る数少ないものの一つである。鎌倉初期の大仏様の傑作と評されている。簡素ともいえる外観に対し、内部の木組は豪快で両者の違いに驚かされる。堂中に安置された三尊像はあまりにも有名である。

浄土寺浄土堂正面全景

浄土寺浄土堂木組

太山寺本堂 / たいさんじほんどう

神戸市西区伊川谷町

正面7間、側面6間、一重、入母屋造、銅板葺（1300年頃）

開発の進むこの地域は、新しい道と古い道が交錯し、右往左往しながらようやく太山寺を探し当てることができた。本堂は和様を基本とし、唐様を加えたものである。正面の柱は中央から両端に行くほど長くなっていて、軒の反りをつくり出している。高く積み上げられた亀腹の基礎におどろかされる。建物正面には格子に組まれた蔀戸が連続していて美しい。

太山寺本堂全景

太山寺本堂基礎部　兵庫県

朝光寺本堂 / ちょうこうじほんどう　　　　　　　　　　　　　　　　　加東郡社町

　正面7間、側面7間、一重、寄棟造、向拝3間、本瓦葺（1428年）

　朝光寺は中国自動車道吉川ＩＣから西へ13kmに位置している。本堂は和様を基調としながら大仏様を取り入れた折衷様の建物であるが、折衷様の建物は鎌倉時代後半から見られるようになり、14世紀に全盛期を迎え、15世紀後半に突然消滅したという。本堂はこの折衷様の晩期の建物として貴重な物とされている。

朝光寺本堂全景

朝光寺本堂外陣正面

姫路城 /ひめじじょう　　　　　　　　　　　　　　　姫路市本町

姫路城大天守 /ひめじじょうだいてんしゅ
　五重六階、地下一階付、本瓦葺(1609年)
姫路城西小天守 /にしこてんしゅ
　三重三階、地下二階付、本瓦葺
姫路城乾小天守 /いぬいこてんしゅ
　三重四階、地下一階付、本瓦葺
姫路城東小天守 /ひがしこてんしゅ
　三重三階、地下一階付、本瓦葺
姫路城イ、ロ、ハ、ニの渡櫓 /わたりやぐら
　イ、ロ、ハの渡櫓各；二重二階、地下一階付、本瓦葺
　ニの渡櫓；二重櫓門、本瓦葺

何故姫路にこんな大きくて美しいお城が建てられ、今日まで残されたのであろうか。何とも不思議であるが、その答えは次のようであろうか。豊臣秀吉が織田信長の命を受け中国地方へ進出したとき姫路城を居城としたほか、徳川家康は池田輝政に52万石を与え、西国大名に備えたのも姫路城である。姫路城は西国への要衝に位置していたのである。大天守は長さ24.6ｍ元口径1ｍ、末口径42cmの東大柱と西大柱で支えられているが、東大柱はモミ材、西大柱はツガ材であったという。昭和の大修理で西大柱は長さ26ｍ、末口径60cmの木曽ヒノキ材に取り替えられたという。

姫路城全景

姫路城天守群

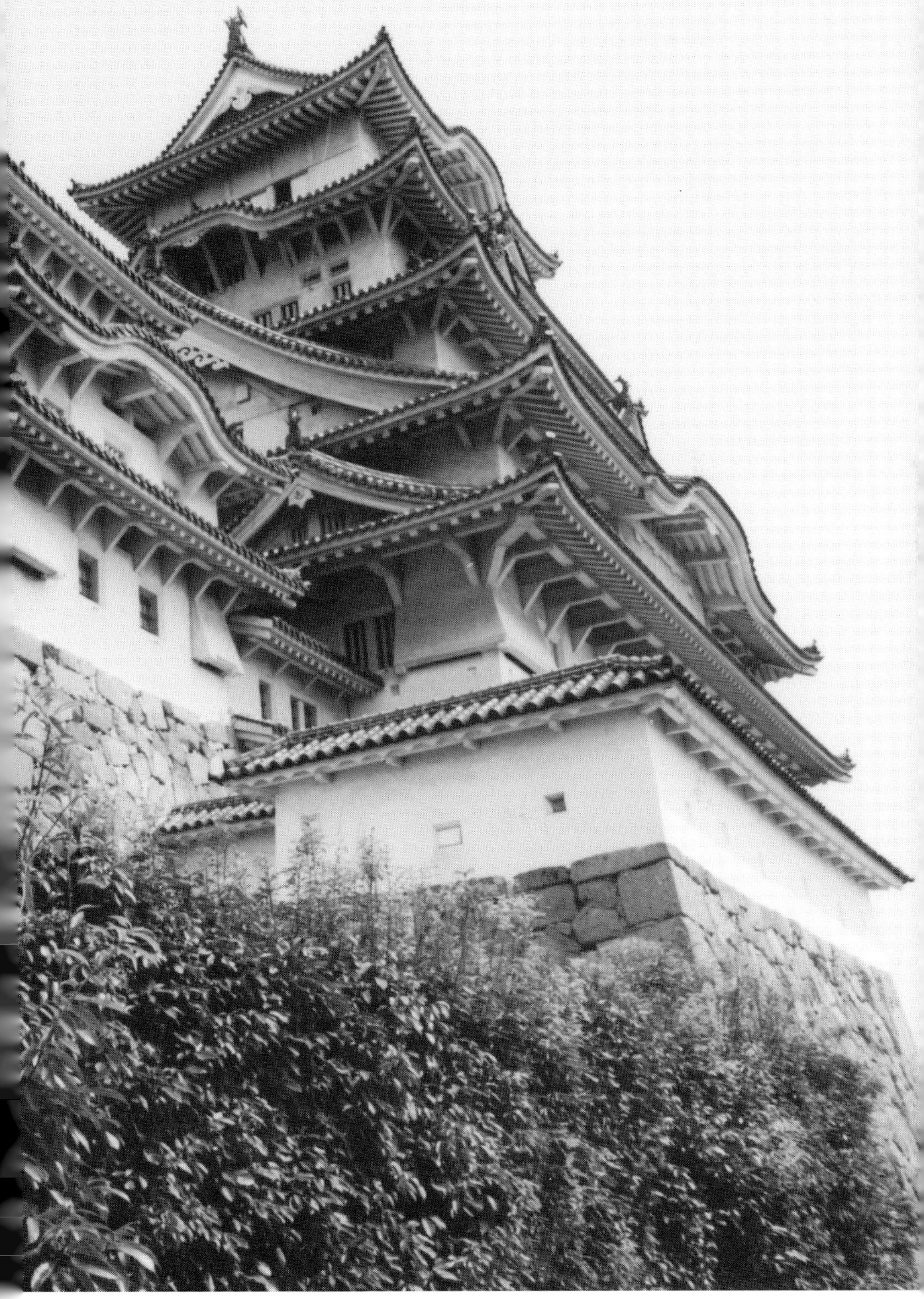

姫路城大天守西大柱周辺

姫路城大天守梁組

姫路城渡櫓　兵庫県

姫路城渡櫓内部

和歌山県

金剛三昧院多宝塔 / こんごうさんまいいんたほうとう　　　　　　　　　　伊都郡高野町

三間多宝塔、檜皮葺（1223年）

この多宝塔は石山寺の多宝塔に次いで古い鎌倉時代初期に建てられた多宝塔であること、古い時代の形式を伝えていることが高く評価されている。

金剛三昧院多宝塔全景

金剛三昧院多宝塔基礎

金剛峯寺不動堂 /こんごうぶじふどうどう　　　　　　　　　　　　　　　伊都郡高野町

　正面3間、側面4間、一重、入母屋造、右側面1間通り庇、左側面1間通り3　間庇、
縋破風造、向拝1間、檜皮葺（1197年）
<small>すがる</small>

　高野山は空海開祖による一大霊場である。今も多くの堂宇が建ち、隆盛を極めているが、
国宝建築物は、この不動堂と金剛三昧院多宝塔の二つのみである。不動堂は仏堂でありな
がら住宅的デザインを多用した建築で数少ない遺構として評価されている。

金剛峯寺不動堂

金剛峯寺不動堂左側面庇部

根来寺多宝塔／ねごろじたほうとう（大塔／だいとう）

那賀郡岩出町

五間多宝塔、本瓦葺（16世紀）

根来寺は葛城連峰の山腹にあり、広大な境内に堂宇が点在している。学問の寺根来寺として隆盛を極めたが、これが秀吉に恐れられ、根来攻めを誘い、多くの寺院が焼失した。多宝塔は幸いにもその難を逃れたが、戦乱の弾痕が残されている。別名大塔といわれているだけに、高さ約40m、幅15mで国宝の多宝塔の中では一番大きい。初層内部の内陣は円形で、木造で円形の平面を作り上げるのは容易でなく極めて稀であるという。

根来寺多宝塔全景

根来寺多宝塔下、上層の垂木

善福院釈迦堂 / ぜんぷくいんしゃかどう　　　　　　　　　　　　　　　　海草郡下津町

　正面3間、側面3間、一重裳階付、寄棟造、本瓦葺（1327年）

　善福院は和歌山市の南方下津町に所在している。長保寺も同町にあり、こののどかな町は多くの優れた木造建築物を抱えていることになる。善福院釈迦堂は最古の本格的禅宗用建築として高く評価されている。

善福院釈迦堂全景

善福院釈迦堂木組

長保寺本堂 / ちょうほうじほんどう　　　　　　　　　　海草郡下津町

正面5間、側面5間、一重、入母屋造、向拝1間、本瓦葺（1311年）

長保寺多宝塔 / たほうとう

三間多宝塔、本瓦葺（1311年頃）

長保寺大門 / だいもん

三間一戸楼門、入母屋造、本瓦葺（1388年）

長保寺は紀州徳川家の菩提寺で、歴代の藩主の墓所がおかれている。寺のパンフレットには、本堂、塔、大門と三つ揃って国宝である寺は奈良の法隆寺と長保寺だけです、とある。本堂は和様と禅宗様が融合した建物として、多宝塔は安定感と優美さ、また大門は南北朝の代表的な楼門としてそれぞれ高く評価されている。

長保寺本堂正面全景

長保寺本堂向拝正面

長保寺多宝塔全景

和歌山県

長保寺多宝塔下層木組

長保寺大門

長保寺大門正面

鳥取県

三仏寺奥院 / さんぶつじおくのいん （投入堂 / なげいれどう）　　　東伯郡三朝町

懸造（舞台造）正面1間、側面2間、一重、流造、両側面に庇屋根及び隅庇屋根付、檜皮葺（11世紀後半～12世紀）

参道の傾斜は急峻で、樹木の根を梯子段にしてよじ登ることになる。奥院は断崖にへばりつくように建てられている。役行者（えんのぎょうじゃ）が法力で投げ入れたともいわれ、別名投入堂はこれにちなんでいる。清楚で優美な建物である。

三仏寺奥院遠景

三仏寺奥院

三仏寺奥院

島根県

出雲大社本殿 / いずもおおやしろほんでん　　　　　　　　　　　　簸川郡大社町

大社造、正面2間、側面2間、檜皮葺（1744年）

　古代の出雲大社は東大寺金堂の高さとほぼ等しく48mあったといわれている。高さ24mの巨大な木の台の上に、現在の高さ24mの本殿が載せられていたと考えられており、時として建物が転倒したようである。これが古代から中世の間の式年造替の際、巨大な台は廃止され、現代のように本殿だけになったとされている。巨大な台を作る木材が入手しにくくなったことも台を廃止した大きな原因であろう。最近、出雲市市制70周年を記念して集成材で出雲ドームが建てられたが、その高さは48mである。この高さは古代出雲大社の高さを意識して設計されたという。

出雲大社本殿

出雲大社拝殿から本殿を望む

神魂神社本殿 / かもすじんじゃほんでん　　　　　　　　　　　松江市大庭町

　大社造、正面2間、側面2間、栩葺(とちぶき)（1583年）

本殿は出雲大社に比べるとほぼ半分の規模であるが、現存する大社造では最古とされている。低い塀があるだけで、近くから大社造を隅々まで観察することができる。誠に清楚な建物である。

神魂神社本殿拝殿全景

神魂神社本殿

岡山県

吉備津神社本殿及び拝殿 / きびつじんじゃほんでんおよびはいでん　　　　　　　岡山市吉備津

　本殿；正面5間、背面7間、側面8間、一重、比翼入母屋造、檜皮葺
　拝殿；正面1間、側面3間、一重、前面切妻造、背面本殿屋根に接続、檜皮葺、三方
　裳階付、裳階本瓦　葺（1405年）

本殿及び拝殿は類例を見ない特異な建物である。本殿は全国最大で異様に高い亀腹の上に立っている。また屋根も前後に入母屋造を二つ並べて中央を連結している（比翼入母屋造と呼ぶ）。拝殿は下方に裳階があり、外観は二重であるが、内部は一階建で、ずいぶん高い。吉備国の総一宮としての風格を備えた建物であるといえる。

吉備津神社本殿及び拝殿（右手）

吉備津神社本殿側面

吉備津神社本殿及び
拝殿（手前）

吉備津神社拝殿内部

旧閑谷学校講堂 / きゅうしずたにがっこうこうどう　　　　　　　　備前市閑谷

正面 19.4 m、側面 15.6 m、一重、入母屋造、本瓦葺（1701 年）

学校の遺構が国宝に指定されているのは全国でこれだけである。岡山藩主池田光政の命により開かれた藩営学校である。1670 年に開かれ、1870 年に閉鎖されるまで 200 年間、領民を対象に教育が行われた。使用樹種はケヤキ、クスノキ、ヒノキで主要な部材は黒漆、ふき漆で仕上げている。そのため講堂の床板や柱は今なお鏡のように光っている。

旧閑谷学校講堂全景

旧閑谷学校講堂内部

広島県

明王院五重塔 /みょうおういんごじゅうのとう　　　　　　　　　　　　　　　福山市草戸町

　三間五重塔婆、本瓦葺（1348年）

明王院本堂 /ほんどう

　正面5間、側面5間、一重、入母屋造、向拝1間、本瓦葺（1321年）

学校を出て広島県に勤めることになったが、最初に赴任したのが福山市であった。今回訪れて、その当時に思いを馳せた。当時、こんな立派な寺院があることを知らず、今更ながら恥ずかしい思いがする。掃除に余念のないおじいさんが、国宝を維持していくことは大変なんですよと話していたのが印象的であった。五重塔は純粋な和様建築、また本堂は折衷様で三様式が見事に混合しているという。用材として、本堂はツガ材、五重塔はケヤキ、マツ、ヒノキ材など多種類が用いられているという。

　　　　　　　　　　　　　　　　　　　　　　　　　　　　　　　　明王院本堂正面

明王院本堂向拝

明王院五重塔全景

明王院五重塔木組

淨土寺本堂／じょうどじほんどう　　　　　　　　　　　　　　　　　　　　尾道市東久保町

　正面5間、側面5間、一重、入母屋造、向拝1間、本瓦葺（1327年）

浄土寺多宝塔／たほうとう

　三間多宝塔、本瓦葺（1328年）

尾道は海岸線に沿って細長い町で、陸地は急峻であるが、そんな地形のところに浄土寺はへばりつくように位置している。本堂は折衷様の典型で、内陣は和様、下陣、外部は大仏様、細部は禅宗様が加味されているという。多宝塔は鎌倉時代の代表例で純粋な和様である。本堂、多宝塔とも朱塗りで、瀬戸内の明るい陽光によく映えていた。

淨土寺本堂全景

淨土寺本堂向拜

浄土寺多宝塔から、本堂を望む

浄土寺多宝塔下層正面

向上寺三重塔 /こうじょうじさんじゅうのとう

豊田郡瀬戸田町

三間三重塔婆、本瓦葺（1432年）

尾道からしまなみハイウエイで3つ目の島が生口島である。ここには耕三寺やこれに隣接して最近建てられた平山郁夫美術館があり、この地域は観光拠点になっている。ここからやや離れた瀬戸内海を俯瞰できる丘の上に本堂など全く失われ寂れたお寺が向上寺である。ここまではおそらく観光バスなど寄りつかないのであろう。三重塔はこの丘の一番上に色鮮やかに燦然と輝いて建っている。建築形式は和様と禅宗様が混じり、組物に入れられた装飾彫刻が特徴である。

向上寺三重塔全景

向上寺三重塔木組

不動院金堂 / ふどういんこんどう　　　　　　　　　　広島市東区牛田新町

　正面3間、側面4間、一重裳階付、入母屋造、柿葺（1540年）

中世の禅宗の大寺院は現在ほとんど失われてしまっているが、不動院金堂は現存する中世最大の禅宗仏殿である。広島市の北はずれの太田川に面し、幸いにも原爆の被害もここまでは及ばなかった。外国人の青年が一人、黙々と写生していた。

不動院金堂全景

不動院金堂正面木組

厳島神社 /いつくしまじんじゃ　　　　　　　　　　　　佐伯郡宮島町

本社
　本殿；正面8間、背面9間、側面4間、一重、両流造、檜皮葺
　幣殿(へいでん)；正面1間、側面1間、一重、両下造、檜皮葺
　拝殿；正面10間、側面3間、一重、両端縋破風付入母屋造、檜皮葺
　祓殿(はらいでん)；正面3間、側面6間、一重、入母屋造、檜皮葺

摂社客 /せっしゃまろうど神社
　本殿；正面5間、側面4間、一重、両流造、檜皮葺
　幣殿；正面1間、側面1間、一重、両下造、檜皮葺
　拝殿；正面9間、側面3間、一重、切妻造、両端庇屋根付、檜皮葺
　祓殿；正面3間、側面4間、一重、入母屋造、檜皮葺

回廊
　東回廊；折曲り延長45間、一重、切妻造、檜皮葺
　西回廊；折曲り延長62間、一重、東端切妻造、西端唐破風造、檜皮葺（13～16世紀）

平清盛ゆかりの神社。日本三景の一つである宮島の海上に朱塗りの大鳥居と多くの社殿が建ち並びそれぞれの社殿が回廊で結ばれていて、自然美と人工美がマッチしている。大鳥居にはクスノキが使われているというガイドの説明、また本社祓殿の床の一部には事実広大なクスノキの板が使われていて、これは暖帯の土地柄を反映しているといえよう。

厳島神社本社本殿（手前）と拝殿（側面）

広島県

厳島神社本社正面

摂社客神社本殿

厳島神社内部

厳島神社回廊

広島県

厳島神社回廊西端唐破風

厳島神社回廊床板（アカマツ）

山口県

瑠璃光寺五重塔 /るりこうじごじゅうのとう　　　　　　　　　　山口市香山町

三間五重塔婆、檜皮葺（1442年）

塔を解説したお寺のパンフレットによると、塔の高さは31.2 mで中心柱が5層目まで届いている。法隆寺、醍醐寺の五重塔とともに日本3名塔といわれていると自画自賛。建築形式は和様を基調としているが、禅宗様も混在するという。よく手入れされた庭園の池に映る姿は実に美しい。訪れたときは初層の工事中であった。

瑠璃光寺五重塔全景

瑠璃光寺五重塔初層木組（工事中）

功山寺仏殿 / こうざんじぶつでん　　　　　　　　　　　　　下関市長府川端

　正面3間、側面3間、一重裳階付、入母屋造、檜皮葺（1320年）

　毛利家ゆかりの名刹で、鎌倉時代の数少ない純粋な禅宗様仏殿。幕末は高杉晋作がここで挙兵するなど維新のふるさととして名高い。宿坊では名園を眺めながら、精進料理が楽しめる。

功山寺仏殿正面

功山寺仏殿木組

住吉神社本殿 / すみよしじんじゃほんでん

下関市一の宮住吉

九間社流造、正面5カ所千鳥破風付、檜皮葺（1370年）

朱塗りの楼門をくぐると、長大な本殿が威容を誇っている。その長大な屋根に5つの千鳥破風が並びアクセントになって美しい。

住吉神社本殿全景

住吉神社本殿右部

香川県

本山寺本堂 / もとやまじほんどう（四国霊場第70番札所）　　　三豊郡豊中町

正面5間、側面5間、一重、寄棟造、向拝3間、本瓦葺（1300年）

本堂は和様を基調としている。棟木銘にはこの堂を造った工匠の名前が記されていて、この人は南都の工匠で、霊山寺本堂、薬師寺東院堂を造った工匠と同一人物であることがわかり、この工匠の作風が三つの建物で共通しているという。何れも国宝で本書で取り上げているので3つを見比べていただきたい。

本山寺本堂正面全景

本山寺本堂正面

神谷神社本殿 / かんだにじんじゃほんでん

坂出市神谷町

三間社流造、檜皮葺（1219年）

あらかじめ連絡して幸いにも拝観することができた。柱などは槍鉋で仕上げられており、長押はくさびで割ったものが使われるなど、古い様式に従った建物である。宇治上神社とともにわが国最古の神社建築である。何より簡素で流麗なのがすばらしい。

神谷神社本殿全景

神谷神社本殿階段

愛媛県

石手寺二王門 /いしてじにおうもん（四国霊場第51番札所） 松山市石手

3間一戸楼門、本瓦葺（1318年）

道後温泉に隣接しておりまた札所でもあるので、温泉客と遍路でにぎわっていた。和様の楼門で安定感がある。二王門の二王像は運慶一門の湛慶作であるという。

石手寺二王門正面全景

愛媛県

石手寺二王門柱

太山寺本堂 /たいさんじほんどう（四国霊場第52番札所） 松山市太山寺町

正面7間、側面9間、一重、入母屋造、本瓦葺（1305年）

大きなお堂で、県下最大の木造建築物である。早朝にも係わらず賑わい、お参りを済ました遍路数人が車座になって朝食のおにぎりを頬張っていた。本堂は和様を基調としながら大仏様の手法が取り入れられた最大級の密教寺院である。

太山寺本堂正面

太山寺本堂外陣木組

大宝寺本堂/たいほうじほんどう　　　　　　　　　　　　　　　松山市南江戸

正面3間、側面4間、一重、寄棟造、本瓦葺（13世紀前半）

　　　JR松山駅の西にあり、こじんまりした簡素なお堂で、伊予最古の建物である。四国霊場でもなく、早朝のせいか、人影はなかった。本堂は一間四面堂の変化型である。建築年代は鎌倉時代初期であるが、簡素な構成など より古い平安時代の後期の手法を残しているという。

大宝寺本堂

大宝寺本堂木組

高知県

豊楽寺薬師堂 /ぶらくじやくしどう

長岡郡大豊町

正面5間、側面5間、一重、入母屋造、柿葺（12世紀頃）

吉野川に面した切り立った斜面に沿ってつづら折りの狭い道を登っていくとやがてやや開けた地形になるが、お寺はそんなところに建てられている。高知県唯一の国宝建築物である。薬師堂は四国最古の平安時代の建築物である。烏がつついたとのことで柿葺の屋根にトタンで応急処置がされていた。

豊楽寺薬師堂全景

豊楽寺薬師堂背面

長崎県

崇福寺第一峰門／そうふくじだいいっぽうもん　　　　　　　　　　　　　　　　長崎市鍛冶屋町

四脚門、入母屋造、本瓦葺（1673年以前）

崇福寺大雄宝殿／だいゆうほうでん

正面5間、側面4間、二重、入母屋造、本瓦葺（1646年）

長崎の国宝建築物はその歴史を反映して異国情緒豊かである。このお寺は日本に住む中国からの人々のためのものである。第一峰門の建築に際しては中国（福建）で木材を加工し、唐船で運搬してきて建て、また使用樹種はほとんど中国産の広葉杉だという。大雄宝殿は本来の中国建築（下層）の上に日本建築（上層）を継ぎ足した中日両建築の合体した建物という特徴がある。また前面の吹き放し部はアーチ型の輪たる木を用いた「黄檗天井」になっている。旧暦7月26日から28日にかけて行われる中国盆の行事は日本全国から在日華僑が集まり盛大に行われる。

崇福寺第一峰門

崇福寺第一峰門木組

崇福寺大雄宝殿正面

崇福寺大雄宝殿木組

大浦天主堂 / おおうらてんしゅどう　　　　　長崎市南山手町

五廊式教会堂、桟瓦葺、北端八角尖塔付（創建 1864 年、改築 1875、1879 年）

長崎は異国情緒豊かで、崇福寺が中国風ならこちらは教会である。教会で国宝建築物に指定されているのはこれだけである。また、建築年代も国宝建築物の中ではもっとも新しい。内部は木材で縁取りしたゴシック風リブ・ヴォールト天井やステンドグラスが美しい。

大浦天主堂正面

大浦天主堂背面

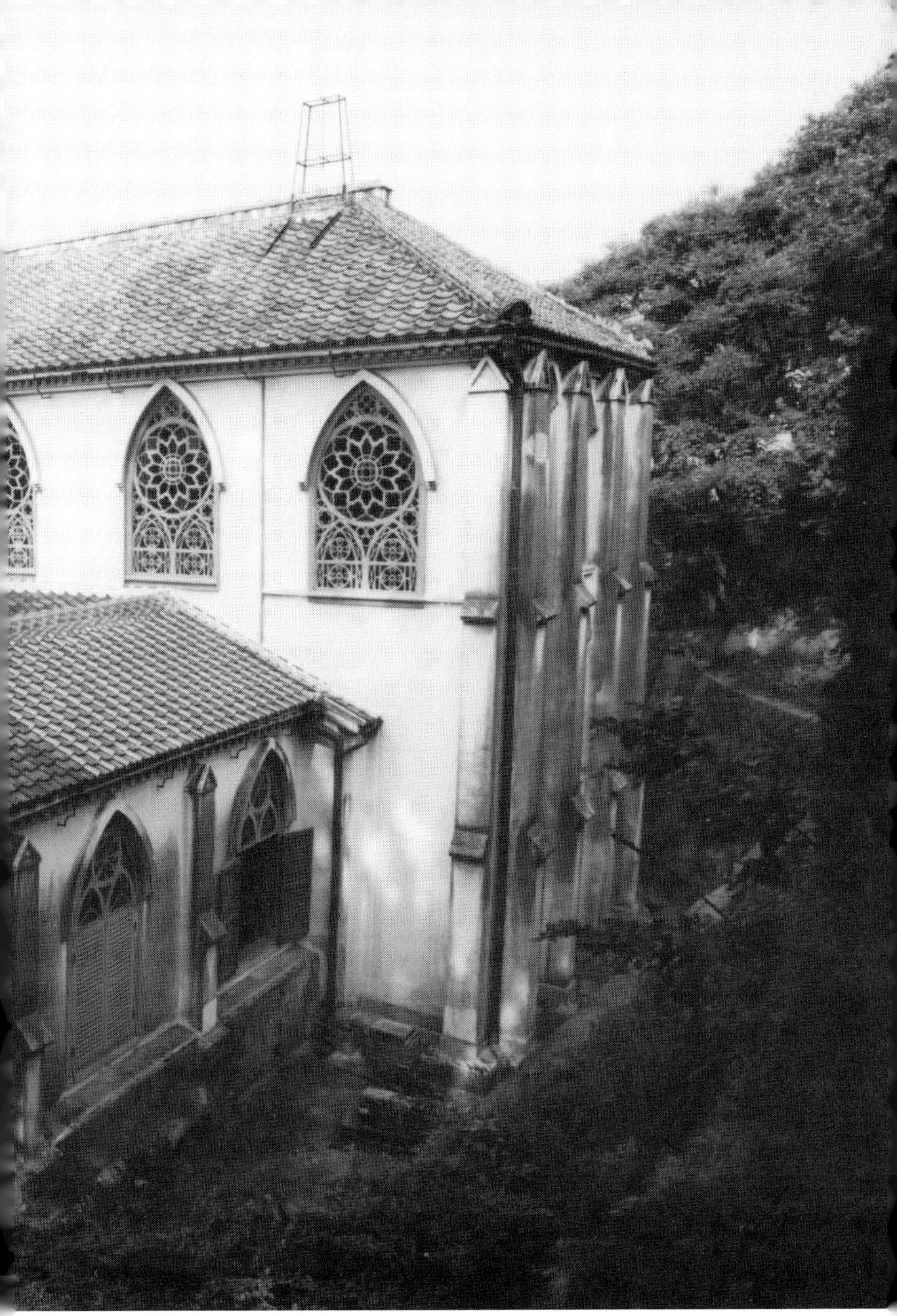

大分県

富貴寺大堂 / ふきじおおどう　　　　　　　　　　　　　豊後高田市大字蕗

　正面3間、側面4間、一重、宝形造、行基葺（12世紀）

　寺の案内パンフレットによると高さ970丈もある大きなカヤノキ1本でこの大堂が建てられたとある。これは全くの伝説であろうが、総カヤ造りだとすると、大変珍しく、国宝建築の中ではこれだけであろう。総カヤ造りを裏付けるように、境内には大きなカヤノキが1本亭亭とそびえているのには驚いた。大堂は一間四面堂の一種である。

富貴寺大堂正面

富貴寺大堂：単純な木組

宇佐神宮本殿 /うさじんぐうほんでん　　　　　　　　　　　　　　　宇佐市大字南宇佐

　　第一、第二、第三殿各棟内院；正面3間、側面2間、一重、切妻造、檜皮葺
　　外院；正面3間、側面1　間、一重、切妻造、向拝1間（第二殿なし）、檜皮葺（第一
　　殿1860年、第二殿1859年、第三殿1861年）

　広い広い照葉樹林に囲まれた境内に沢山の朱色の建物がきらびやかに建てられている。照葉樹林の主な樹種はイチイガシで、大きくなるとは聞いていたが、こんな巨木を沢山見るのは初めてで驚いた。本殿は第一、第二、第三殿と横に並び各殿に内院と外院が前後に並んでいる。

宇佐神宮：第一殿、第二殿、第三殿と並んでいる。奥が内院、手前が外院

宇佐神宮：第三殿正面

索引

あ行

秋篠寺／あきしのでら　157
　秋篠寺本堂側面　158
　秋篠寺本堂正面　158
安国寺／あんこくじ　58
　安国寺経蔵正面　58
　安国寺経蔵正面　59
安楽寺／あんらくじ　42
　安楽寺八角三重塔上層　43
　安楽寺八角三重塔全景　44
　安楽寺八角三重塔初層の木組　44
石手寺／いしてじ　288
　石手寺二王門正面全景　289
　石手寺二王門柱　289
石山寺／いしやまでら　85
　石山の上に建つ石山寺多宝塔　85
　石山寺多宝塔全景　86
　石山寺多宝塔下層　86
　石山寺本堂、礼堂懸造の木組　87
　石山寺本堂　88
出雲大社／いずもおおやしろ　262
　出雲大社本殿　262
　出雲大社拝殿から本殿を望む　263
石上神宮／いそのかみじんぐう　222
　石上神宮拝殿正面　223
　石上神宮拝殿向拝　223
　石上神宮摂社　224
　石上神宮摂社出雲建雄神社拝殿　224
一乗寺／いちじょうじ　236
　一乗寺三重塔全景　237
　一乗寺三重塔初層　237
厳島神社／いつくしまじんじゃ　277
　厳島神社本社本殿と拝殿　277

厳島神社本社正面　278
摂社客神社本殿　278
厳島神社内部　279
厳島神社回廊西端唐破風　280
厳島神社回廊床板（アカマツ）　280
犬山城／いぬやまじょう　63
　犬山城天守全景　64
　犬山城木組　65
宇佐神宮／うさじんぐう　301
　宇佐神宮：第一殿、第二殿、第三殿　302
　宇佐神宮：第三殿正面　302
宇治上神社／うじがみじんじゃ　139
　宇治上神社本殿正面　140
　宇治上神社本殿側面　140
　宇治上神社拝殿正面　141
　宇治上神社拝殿向拝　141
宇太水分神社／うだみくまりじんじゃ　154
　宇太水分神社本殿全景　155
　宇太水分神社本殿側面　155
栄山寺／えいざんじ　227
　栄山寺八角堂木組　228
　栄山寺八角堂全景　228
永保寺／えいほうじ　59
　永保寺開山堂正面　60
　永保寺開山堂　60
　永保寺観音堂　61
　永保寺観音堂背面上部　61
円覚寺／えんがくじ　38
　円覚寺舎利殿正面　38
　円覚寺舎利殿遠景　39
円成寺／えんじょうじ　165
　円成寺春日堂・白山堂全景　165
　円成寺春日堂・白山堂側面　166
延暦寺／えんりゃくじ　92
　延暦寺根本中堂正面　92
　延暦寺根本中堂正面　93
大浦天主堂／おおうらてんしゅどう　297
　大浦天主堂正面　297

大浦天主堂背面	298
大崎八幡神宮／おおさきはちまんじんぐう	27
大崎八幡神宮拝殿	28
大崎八幡神宮本殿背面	28
大笹原神宮／おおささはらじんじゃ	72
大笹原神宮本殿全景	73
大笹原神宮本殿向拝	73
園城寺／おんじょうじ	88
園城寺金堂全景	89
園城寺金堂正面向拝	89
園城寺新羅善神堂全景	90
園城寺新羅善神堂側面	90

か行

海住山寺／かいじゅうせんじ	147
海住山寺五重塔全景	148
海住山寺五重塔、裳階、初層二層	148
海龍王寺／かいりゅうおうじ	156
海龍王寺五重小塔正面	156
海龍王寺五重小塔初、二層	157
鶴林寺／かくりんじ	238
鶴林寺本堂全景	238
鶴林寺本堂	239
鶴林寺本堂外陣木組	239
鶴林寺太子堂全景	240
春日大社／かすがたいしゃ	173
国宝の春日大社本社本殿は・・・	173
春日大社本社本殿背面	174
上賀茂神社／かみがもじんじゃ	102
神魂神社／かもすじんじゃ	263
神魂神社本殿	264
神魂神社本殿拝殿全景	264
賀茂御祖神社／かもみおやじんじゃ（下鴨神社）	102
賀茂御祖神社西本殿	102
賀茂御祖神社	103
賀茂別雷神社／かもわけいかずちじんじゃ	102
勧学院／かんがくいん	88
観心寺／かんしんじ	229
観心寺金堂正面全景	229
観心寺金堂向拝	230
元興寺／がんごうじ	159
元興寺極楽坊本堂正面	159
元興寺極楽坊本堂通り庇	160
元興寺極楽坊禅室正面	160
元興寺極楽坊禅室正面	161
願成寺／がんじょうじ	29
願成寺阿弥陀堂全景	29
願成寺阿弥陀堂	30
神谷神社／かんだにじんじゃ	287
神谷神社本殿全景	287
神谷神社本殿階段	288
観智院／かんちいん	111
観智院玄関	116
北野天満宮／きたのてんまんぐう	105
北野天満宮	105
天満宮に梅はつきものである。	106
吉備津神社／きびつじんじゃ	265
吉備津神社本殿及び拝殿	265
吉備津神社本殿及び拝殿	266
吉備津神社本殿側面	266
吉備津神社拝殿内部	267
旧閑谷学校／きゅうしずたにがっこう	267
旧閑谷学校講堂全景	268
旧閑谷学校講堂内部	268
清水寺本堂／きよみずでらほんどう	124
清水寺本堂全景	125
清水寺舞台造木組	125
教王護国寺／きょうおうごこくじ	111
教王護国寺大師堂前堂	112
教王護国寺大師堂後堂向拝	112
教王護国寺金堂全景	113
教王護国寺金堂木組	113
教王護国寺五重塔全景	114

教王護国寺金堂正面	114
教王護国寺五重塔初層木組	115
教王護国寺蓮花門正面	115
教王護国寺蓮花門側面	116
金峯山寺／きんぷせんじ	225
金峯山寺二王門背面全景	225
金峯山寺二王門正面	226
金峯山寺本堂全景	226
金峯山寺本堂正面柱列	227
孝恩寺／こうおんじ	230
孝恩寺観音堂正面	231
孝恩寺観音堂側面	231
高山寺／こうざんじ	96
高山寺石水院側面	96
高山寺石水院拝所	97
功山寺／こうざんじ	282
功山寺仏殿正面	283
功山寺仏殿木組	283
光浄院／こうじょういん	88
光淨院客殿正面	91
光淨院客殿全景	91
向上寺／こうじょうじ	274
向上寺三重塔全景	274
向上寺三重塔木組	275
興福寺／こうふくじ	168
興福寺東金堂正面	168
興福寺東金堂	169
興福寺五重塔全景	170
興福寺五重塔初層木組	170
興福寺三重塔全景	171
興福寺三重塔初層	171
興福寺北円堂木組	172
興福寺北円堂全景	172
光明寺／こうみょうじ	149
光明寺二王門正面	149
広隆寺／こうりゅうじ	99
広隆寺桂宮院本堂正面全景	99
金剛三昧院／こんごうさんまいいん	250

金剛三昧院多宝塔全景	250
金剛三昧院多宝塔基礎	251
金剛峯寺／こんごうぶじ	251
金剛峯寺不動堂	252
金剛峯寺不動堂左側面庇部	252
金剛輪寺／こんごうりんじ	71
金剛輪寺本堂全景	71
金剛輪寺本堂外陣	72
金蓮寺／こんれんじ	62
金蓮寺弥陀堂正面	62
金蓮寺弥陀堂正面	63

さ行

西明寺／さいみょうじ	77
西明寺本堂全景	77
西明寺三重塔全景	78
西明寺本堂側面	78
西明寺三重塔木組	79
桜井神社／さくらいじんじゃ	233
桜井神社拝殿正面全景	234
桜井神社拝殿：馬道	234
三十三間堂／さんじゅうさんげんどう	121
三宝院／さんぼういん	135
三宝院表書院西面車寄	136
三宝院唐門正面	136
三宝院唐門側面	137
三宝院唐門扉	137
三仏寺／さんぶつじ	259
三仏寺奥院遠景	260
三仏寺奥院	260
三仏寺奥院	261
下鴨神社／しもがもじんじゃ	102
慈眼院／じげんいん	232
慈眼院多宝塔全景	232
慈眼院多宝塔上層木組	233

慈照寺／じしょうじ	117
慈照寺銀閣全景	117
慈照寺銀閣背面	118
慈照寺東求堂正面	118
慈照寺東求堂側面	119
十輪院／じゅうりんいん	163
十輪院本堂正面	163
十輪院本堂木組	164
十輪院本堂側面	164
正倉院／しょうそういん	175
正倉院正倉正面	183
正倉院正倉正面	183
正倉院正倉	184
正倉院正倉高床	184
正福寺／しょうふくじ	36
正福寺地蔵堂正面全景	37
正福寺地蔵堂正面	37
如庵／じょあん	65
如庵正面	66
如庵内部	66
淨土寺／じょうどじ（広島）	271
淨土寺本堂全景	272
淨土寺本堂向拝	272
淨土寺多宝塔から、本堂を望む	273
淨土寺多宝塔下層正面	273
浄土寺／じょうどじ（兵庫）	240
浄土寺浄土堂正面全景	241
浄土寺浄土堂木組	241
常楽寺／じょうらくじ	79
常楽寺本堂と三重塔	80
常楽寺本堂向拝の柱	80
常楽寺三重塔全景	81
常楽寺三重塔木組	81
浄瑠璃寺／じょうるりじ（九体寺）	144
浄瑠璃寺本堂全景	145
浄瑠璃寺本堂向拝	145
浄瑠璃寺三重塔	146
浄瑠璃寺三重塔初層	147
白水阿弥陀堂／しらみずあみだどう	29
新薬師寺本堂／しんやくしじほんどう	161
新薬師寺本堂正面	162
新薬師寺本堂垂木	162
瑞巌寺／ずいがんじ	24
瑞巌寺本堂木組	24
瑞巌寺本堂及び玄関	25
瑞巌寺本堂玄関正面	25
瑞巌寺庫裏全景	26
瑞巌寺庫裏妻部の木組	26
瑞巌寺廊下	27
瑞龍寺／ずいりゅうじ	52
瑞龍寺仏殿全景	53
瑞龍寺仏殿内部木組	53
瑞龍寺法塔全景	54
瑞龍寺法塔仏間	54
瑞龍寺山門周辺全景	55
住吉神社本殿／すみよしじんじゃほんでん	284
住吉神社本殿全景	284
住吉神社本殿右部	285
住吉大社本殿／すみよしたいしゃほんでん	235
住吉大社第二殿	235
住吉大社第三殿、第四殿	236
清白寺仏殿／せいはくじぶつでん	39
清白寺仏殿正面全景	40
清白寺仏殿正面	40
千本釈迦堂／せんぼんしゃかどう	103
善光寺本堂／ぜんこうじほんどう	46
善光寺本堂正面	47
善光寺本堂	47
善水寺／ぜんすいじ	82
善水寺本堂全景	82
善水寺本堂外陣	83
善福院／ぜんぷくいん	254
善福院釈迦堂全景	255
善福院釈迦堂木組	255
崇福寺／そうふくじ	294
崇福寺第一峰門	295

崇福寺第一峰門木組	295
崇福寺大雄宝殿木組	296
崇福寺大雄宝殿正面	296

た行

侍庵／たいあん	150
太山寺／たいさんじ（兵庫県）	242
太山寺本堂全景	242
太山寺本堂基礎部	243
太山寺／たいさんじ（愛媛県）	290
太山寺本堂正面	290
太山寺本堂外陣木組	291
大宝寺／たいほうじ	291
大宝寺本堂木組	292
大宝寺本堂	292
当麻寺／たいまでら	193
当麻寺本堂正面	193
当麻寺本堂外陣木組	194
当麻寺西塔と東塔	194
当麻寺西塔	195
当麻寺西塔木組	195
当麻寺東塔全景	196
当麻寺東塔木組	197
当麻寺東塔柱	197
醍醐寺／だいごじ	130
醍醐寺五重塔正面	131
醍醐寺五重塔初層	131
醍醐寺金堂木組	132
醍醐寺金堂全景	132
醍醐寺薬師堂正面	133
醍醐寺薬師堂	133
醍醐寺清瀧宮拝殿	134
醍醐寺清瀧宮拝殿屋根	134
醍醐寺清瀧宮拝殿向拝	135
大徳寺／だいとくじ	100
大仙院／だいせんいん	100
大仙院本堂全景	100
大仙院縁側	101
大善寺／だいぜんじ	41
大善寺本堂全景	41
大善寺本堂正面	42
大報恩寺／だいほうおんじ	103
大報恩寺本堂全景	104
大報恩寺本堂外陣側面木組	104
大法寺／だいほうじ	45
大法寺三重塔全景	45
大法寺三重塔初層の木組	46
中尊寺／ちゅうそんじ	22
長弓寺／ちょうきゅうじ	199
長弓寺本堂木組	200
長弓寺本堂正面	200
朝光寺／ちょうこうじ	243
朝光寺本堂外陣正面	244
朝光寺本堂全景	244
長寿寺／ちょうじゅじ	83
長寿寺本堂正面	84
長寿寺本堂背面	84
長保寺／ちょうほうじ	256
長保寺本堂正面全景	256
長保寺本堂向拝正面	257
長保寺多宝塔全景	257
長保寺多宝塔下層木組	258
長保寺大門	258
長保寺大門正面	259
都久夫須麻神社／つくぶすまじんじゃ	67
都久夫須麻神社本殿正面	68
都久夫須麻神社本殿内部	69
東照宮／とうしょうぐう	32
東照宮陽明門正面全景	33
東照宮東回廊	33
東照宮西回廊	34
東照宮東透塀	34
東照宮正面唐門	35
東照宮拝殿及び本殿	36

唐招提寺／とうしょうだいじ	187
唐招提寺金堂正面	188
唐招提寺金堂列柱	188
唐招提寺講堂全景	189
唐招提寺講堂正面	189
唐招提寺鼓楼木組	190
唐招提寺鼓楼全景	190
唐招提寺経蔵校倉	191
唐招提寺経蔵と宝蔵	191
唐招提寺宝蔵	192
唐招提寺宝蔵高床	192
東大寺／とうだいじ	174
東大寺金堂正面	176
東大寺金堂木組	176
東大寺金堂合せ柱と木組	177
東大寺金堂合せ柱	177
東大寺法華堂	178
東大寺法華堂	178
東大寺南大門正面	179
東大寺南大門木組	179
東大寺開山堂	180
東大寺開山堂	180
東大寺鐘楼木組	181
東大寺鐘楼正面	181
東大寺転害門正面の4本の柱	182
東大寺転害門正面	182
東福寺／とうふくじ	127
東福寺三門正面全景	128
東福寺三門列柱	128
豊国神社／とよくにじんじゃ	126
豊国神社唐門全景	126
豊国神社唐門側面	127

な行

投入堂／なげいれどう	259
苗村神社／なむらじんじゃ	75
苗村神社西本殿正面	76
苗村神社西本殿側面	76
南禅寺／なんぜんじ	119
南禅寺方丈全景	120
南禅寺方丈縁側	120
仁科神明宮／にしなしんめいぐう	48
仁科神明宮	48
本殿の棟木、千木、鰹木	49
二条城／にじょうじょう	106
二条城二の丸御殿：遠侍及び車寄	107
二条城二の丸御殿：大広間	107
二条城二の丸御殿：黒書院及び白書院	108
二条城二の丸御殿：床下換気口	108
仁和寺／にんなじ	97
仁和寺金堂正面全景	98
仁和寺金堂側面	98
根来寺／ねごろじ	253
根来寺多宝塔全景	253
根来寺多宝塔下、上層の垂木	254

は行

羽黒山／はぐろさん	22
羽黒山五重塔初層部	22
羽黒山五重塔全景	23
般若寺／はんにゃじ	166
般若寺楼門正面	167
般若寺楼門木組	167
彦根城／ひこねじょう	69
彦根城天守	70
彦根城天守内部の梁組	70
姫路城／ひめじじょう	245
姫路城全景	245
姫路城天守群	246
姫路城大天守梁組	248
姫路城大天守西大柱周辺	248

姫路城渡櫓	249
姫路城渡櫓内部	249
日吉大社／ひよしたいしゃ	93
日吉大社西本宮本殿向拝	94
日吉大社西本宮本殿全景	94
日吉大社東本宮本殿向拝	95
日吉大社東本宮本殿全景	95
平等院／びょうどういん	142
平等院鳳凰堂正面全景	142
平等院鳳凰堂中堂木組	143
平等院鳳凰堂翼廊及び尾廊	143
平等院鳳凰堂翼廊	144
富貴寺／ふきじ	300
富貴寺大堂正面	300
富貴寺大堂	301
不動院／ふどういん	275
不動院金堂全景	276
不動院金堂正面木組	276
豊楽寺／ぶらくじ	293
豊楽寺薬師堂全景	293
豊楽寺薬師堂背面	294
法界寺／ほうかいじ	138
法界寺阿弥陀堂正面	138
法界寺阿弥陀堂	139
法起寺／ほうきじ	201
法起寺三重塔全景	201
法起寺三重塔二層木組	202
宝厳寺／ほうごんじ	67
宝厳寺唐門	67
宝厳寺唐門を下から見上げたところ	68
法隆寺／ほうりゅうじ	202
法隆寺南大門木組	204
法隆寺南大門正面	204
法隆寺中門と五重塔	205
法隆寺中門木組	205
法隆寺中門内側の柱	206
法隆寺聖霊院全景	206
法隆寺聖霊院庇	207
法隆寺東室全景	207
法隆寺綱封蔵全景	208
法隆寺綱封蔵高床	208
法隆寺綱封蔵中央部木組	209
法隆寺食堂全景	209
法隆寺食堂	210
法隆寺三経院及び西室	210
法隆寺西室入口の門	211
法隆寺西円堂	211
法隆寺西円堂正面木組	212
法隆寺金堂正面	212
法隆寺金堂木組	213
法隆寺五重塔初層及び二層	213
法隆寺五重塔正面	214
法隆寺大講堂正面	214
法隆寺大講堂	215
法隆寺鐘楼正面	215
法隆寺鐘楼	216
法隆寺経蔵正面	216
法隆寺経蔵	217
法隆寺回廊	217
法隆寺回廊連子格子	218
法隆寺東大門	218
法隆寺東大門	219
法隆寺東院夢殿全景	219
法隆寺東院鐘楼	220
法隆寺東院夢殿正面	220
法隆寺東院鐘楼木組	221
法隆寺東院伝法堂正面	221
法隆寺東院伝法堂側面	222
本願寺／ほんがんじ	109
本願寺唐門側面彫刻	110
本願寺唐門正面	110

ま行

松本城／まつもとじょう	49
松本城天守全景	51
松本城天守	52

三井寺／みいでら	88
御上神社／みかみじんじゃ	74
御上神社本殿全景	74
御上神社本殿側面	75
明王院／みょうおういん	269
明王院本堂正面	269
明王院五重塔全景	270
明王院本堂向拝	270
明王院五重塔木組	271
妙喜庵／みょうきあん	150
・・・切妻が、茶室である	150
明通寺／みょうつうじ	55
明通寺本堂と三重塔	56
明通寺本堂	56
明通寺三重塔木組	57
明通寺三重塔全景	57
妙法院／みょうほういん	121
妙法院庫裏全景	123
妙法院庫裏木組	124
室生寺／むろうじ	151
室生寺金堂全景	151
室生寺金堂木組	152
室生寺金堂屋根	152
室生寺本堂正面	153
室生寺本堂側面	153
修理工事中の室生寺五重塔	154
本山寺／もとやまじ	285
本山寺本堂正面	286
本山寺本堂正面全景	286

や行

薬師寺／やくしじ	185
薬師寺東塔全景	185
薬師寺東塔木組	186
薬師寺東院堂全景	186
薬師寺東院堂木組	187

ら行

龍吟庵／りょうぎんあん	129
龍吟庵方丈廊下	129
龍吟庵方丈全景	129
龍光院／りょうこういん	100
霊山寺／りょうぜんじ	198
霊山寺本堂正面	198
霊山寺本堂外陣	199
輪王寺／りんのうじ	30
輪王寺大猷院霊廟拝殿を望む	31
輪王寺大猷院霊廟本殿側面	31
瑠璃光寺／るりこうじ	281
瑠璃光寺五重塔全景	281
瑠璃光寺五重塔初層木組（工事中）	282
蓮華王院／れんげおういん	121
蓮華王院本堂全景	121
蓮華王院本堂	122
蓮華王院本堂向拝	122
蓮華王院本堂	123

著者紹介

中野達夫（なかの　たつお）

1935　京都府生まれ
1957　京都府立西京大学（現京都府立大学）農学部卒業
広島県職員、農林水産省林業試験場（現森林総合研究所）
木材利用部長を経て、現在信州大学教授、農学博士

主な著書

「木材工学」1961、共著、養賢堂
「木材工業ハンドブック」1982、共著、丸善
「木は万能選手」自然の中の人間シリーズ　森と人間編10
1989、農山漁村文化協会
「木材活用事典」1994、共著、産業調査会
「炭を使う知恵」1995、共著、川辺書林

国宝建築探訪

発行日・2000年3月1日　初版 第1刷発行

定価・カバーに表示してあります

著者・中野達夫

発行者・宮内久

デザイン/装丁・中野公吾

海青社
Lakeside BIWAKO

〒520-0002　大津市際川 3-23-2
Tel. (077) 525-1247／Fax.525-5939
郵便振替　京都 01090-1-17991
e-mail : ksspress @ mediawars. ne. jp

● Copyright Ⓒ 2000　TATSUO NAKANO
● Printed in Japan
● 落丁乱丁はお取り替え致します。

ISBN4-906165-82-6　C0052